Die Weihnachtshexe

Weihnachtliche Geschichten aus Italien

Herausgegeben
und mit einem Nachwort versehen
von Tilmann Kleinau

Mit 13 Abbildungen

Deutscher Taschenbuch Verlag

Von Tilmann Kleinau
wurde im Deutschen Taschenbuch Verlag
herausgegeben:

Die Weihnachtsfee.
Weihnachtliche Geschichten aus Frankreich (2342)

Originalausgabe
Oktober 1995
Deutscher Taschenbuch Verlag GmbH & Co. KG,
München

Umschlagtypographie: Celestino Piatti
Umschlagbild: Alexander Schütz
Gesamtherstellung: C. H. Beck'sche Buchdruckerei,
Nördlingen
Printed in Germany · ISBN 3-423-02373-2

Über dieses Buch

Als sieben venezianische Hexen nachts wieder einmal eine Gondel ausleihen wollen, um über die Lagune zum weihnachtlichen Sabbat zu fahren, versagt der Zauberspruch – die Gondel steht still. Könnte es an dem mißtrauischen Gondoliere liegen, der sich an Bord versteckt und gerade dabei ist, sich in die hübscheste der Zauberinnen zu verlieben ...?

Italienische Weihnachtsgeschichten sind außergewöhnlich, zumindest für uns Nicht-Romanen. Kein Christkind, beladen mit Geschenken – dafür die Befana, die Dreikönigsfee, die Nüsse und Bohnen bringt, und eine Menge anderer Hexen und Geister. Kein Tannenbaum – der wanderte erst nach dem Krieg aus Südtirol ein –, dafür ein Fest der Liebe in jeder Hinsicht. Bevor sich unsere Konsumgewohnheiten auch in Italien durchsetzten, ließ man dort Weihnachten eine Sache der Kirchen sein und traf sich ansonsten zu einem guten Abendessen mit Familie, Freunden, Torroni und kandierten Früchten. Und so kommt es, daß sich die alten Märchen und Legenden in diesem Weihnachtsbuch sehr lebensnah um (heilige) Familiendinge drehen – oder eben um Zauberwesen, die in dieser geheimnisvollen Zeit rumoren. Dazu gibt es ganz unsentimentale Schwänke und ironische Seitenblicke auf das so seltsam verwandelte Fest – von neueren literarischen Autoren wie Federigo Tozzi, Giovannino Guareschi, Dino Buzzati und Italo Calvino.

Literatur · Philosophie · Wissenschaft

INHALT

ANHANG

NATALE

ERSTES KAPITEL

WEIHNACHTEN AUF ITALIENISCH

Italo Calvino
Die Söhne des Weihnachtsmanns

Es gibt für den Einzelhandel und die Industrie keine schönere Jahreszeit als die Wochen vor Weihnachten. In den Straßen ertönt das fröhliche Tremolo der Dudelsäcke, und die GmbHs, die bis gestern vor allem an ihren Umsätzen und Dividenden interessiert waren, entdecken die Welt der Gefühle und des Lächelns. Jetzt denkt jede Behörde, jede Firma nur noch darüber nach, wie sie ihren Nächsten eine Freude bereiten kann; man verschickt Glückwünsche und Geschenke an Schwesterfirmen, Lieferanten und Privatkunden; jede Firma muß bei einer anderen Firma Massen von Geschenken für ihre Partnerfirmen einkaufen, und diese kaufen ihrerseits bei einer Firma Geschenkvorräte für die ersteren. Die Schaufenster der Geschäfte sind bis spät in die Nacht hinein beleuchtet, vor allem die der großen Kaufhäuser, deren Personal fast rund um die Uhr Kisten und Pakete packt. Auf der anderen Seite der beschlagenen Schaufensterscheiben, auf den eisbedeckten Bürgersteigen, tummeln sich Dudelsackbläser, die eigens zum Fest von ihren dunklen, geheimnisvollen Bergen heruntergekommen sind; sie stehen auf den Plätzen und großen Kreuzungen der Innenstadt, kneifen ihre von den vielen ungewohnten Lichtern, von den allzu schmucken Schaufenstern geblendeten Augen zusammen und blasen aus voller Lunge. Sobald sie diese Schalmeien vernehmen, vergessen die Geschäftsleute für ein paar Tage ihren Streit um Zins und Zinseszins und stürzen sich Hals über Kopf in einen anderen, friedlicheren Wettstreit: Wer überreicht wem auf die anmutigste Weise das schönste und originellste Weihnachtsgeschenk?

Dieses Jahr hatte die Werbeabteilung des Warenhauses Sbav die Idee, allen Stammkunden des Hauses ihr Weihnachtsgeschenk persönlich ins Haus zu bringen – durch einen als Nikolaus verkleideten Mitarbeiter.

Der Vorschlag der Werbeabteilung wurde vom Vorstand einstimmig angenommen. Man erwarb ein vollständiges Weihnachtsmannkostüm – mit weißem Rauschebart, roter Mütze und rotem, pelzbesetztem Mantel und Stiefeln. Nun rief man die Laufburschen des Hauses herbei, um zu sehen, welchem von ihnen das Kostüm am besten paßte; aber der eine war so klein, daß der Bart ihm bis zur Erde reichte, der nächste war zu kräftig und paßte nicht in den Mantel, ein anderer war zu jung und wieder ein anderer zu alt, so alt, daß er der Verkleidung gar nicht bedurft hätte.

Während der Leiter der Personalabteilung in den verschiedenen Abteilungen nach geeigneteren Kandidaten für das Amt des Weihnachtsmanns Ausschau hielt, machten sich seine Vorstandskollegen an die Ausarbeitung eines Konzepts. Die Mitarbeitermotivationsabteilung wollte die Geschenkaktion per Weihnachtsmann auch auf die eigene Belegschaft ausdehnen; die Vertriebsabteilung überlegte, ob der Nikolaus neben den Geschenken nicht auch neue Bestellungen ausliefern könne, und die Werbeabteilung machte sich Gedanken, wie man den Firmenschriftzug groß herausbringen könnte – vielleicht indem der Weihnachtsmann die Buchstaben S, B, A, V auf vier aneinandergereihten Ballons hinter sich herzog.

Alle waren sie von der eifrigen und herzlichen Atmosphäre, die sich in der festlich eingestellten Stadt verbreitete, angesteckt. Was war schöner, als um sich herum das frohe Treiben der Wirtschaft wahrzunehmen und dabei die Nächstenliebe zu spüren, die die Wurzel dieses Treibens war – natürlich zählte vor allem die Nächstenliebe, woran das fröhliche Pfeifen der Dudelsäcke, ›firulì, firulì‹, ja auch keinen Zweifel ließ.

Unten im Lager der Sbav stand der Lagerarbeiter Marcovaldo. Er packte fieberhaft Waren ein und aus und hatte auf diese Weise regen Anteil am materiellen und spirituellen Austausch der Sympathien. Aber nicht allein dieses Ein- und Auspacken stimmte ihn festlich, sondern das Wissen, daß irgendwo unter den Hunderttausenden von Paketen sein eigenes Päckchen, liebevoll verpackt von der Mitarbeitermotivationsabteilung, auf ihn warte – ganz zu schweigen vom dreizehnten Monatsgehalt und dem Zusatzgeld für Überstunden am Ende dieses Monats. Mit diesem Geld konnte er dann ebenfalls in die Läden gehen und kaufen, kaufen, kaufen, dann schenken, schenken, schenken, wie es sein Familiensinn, seine Interessen und die Interessen der ganzen übrigen Wirtschaft ihm nahelegten.

Die Tür ging auf, und der Leiter der Personalabteilung trat ein, einen falschen Bart in der Hand.

»He, du!« wandte er sich an Marcovaldo, »probier mal bitte den Bart hier an. Paßt hervorragend! Also, hör zu, du bist ab sofort unser Weihnachtsmann. Komm nach oben, beeil dich! Wenn du's schaffst, fünfzig Adressen am Tag zu beliefern, kriegst du eine Extraprämie!«

So kam es, daß der Lagerarbeiter Marcovaldo als Weihnachtsmann verkleidet durch die Stadt fuhr – in einem dreirädrigen Lieferwagen der Sbav, voll beladen mit bunt verpackten, mit Mistel- und Stechpalmenzweigen geschmückten Paketen mit eleganten Schleifen. Der weiße Wattebart juckte ein bißchen, aber dafür schützte er seinen Hals vor der Kälte.

Zuerst fuhr Marcovaldo zu sich nach Hause; er wollte zu gern sehen, ob seine Kinder nicht überrascht waren, wenn sie ihn in dem Aufzug sahen. ›Wahrscheinlich erkennen sie mich nicht mal‹, dachte er, ›macht nichts. Um so mehr freuen sie sich hinterher!‹

Die Kinder spielten im Treppenhaus. Sie drehten sich nur flüchtig nach ihm um.

»Ciao, Papa!«

Marcovaldo war verblüfft. »Aber . . . wundert ihr euch denn nicht über meine Verkleidung?«

»Du bist als Nikolaus verkleidet«, meinte der kleine Pietro. »Na und?«

»Habt ihr mich denn gleich erkannt?«

»Klar. Den Herrn Sigismondo haben wir schließlich auch gleich erkannt – obwohl der besser verkleidet war als du!«

»Und den Schwager der Pförtnerin!« rief ein anderer.

»Und den Vater der Zwillinge, die nach vorne raus wohnen!«

»Und den Onkel von Ernestina, dem Mädchen mit den Zöpfen!«

»Wie?« fragte Marcovaldo. »Die sind alle als Weihnachtsmänner unterwegs?«

Die Enttäuschung war eine doppelte: Nicht nur als Familienvater fühlte er sich in seinem Stolz getroffen, nein, die ganze Firma stand jetzt blöd da.

»Logo, alle als Weihnachtsmänner mit falschem Bart, so wie du«, antworteten die Kinder und wandten sich wieder ihrem Spiel zu.

In der Tat war es so, daß viele Werbeabteilungen gleichzeitig dieselbe Idee gehabt hatten. Sie hatten jede Menge Leute als Weihnachtsmänner auf Zeit rekrutiert, überwiegend Arbeitslose, Rentner und Obdachlose, und hatten ihnen allen rote Mäntel und Wattebärte verpaßt. Anfangs hatte es die Kinder amüsiert, unter den Verkleidungen Verwandte oder Nachbarn oder Bekannte wiederzuerkennen; aber bald hatten sie sich an die Maskerade gewöhnt und gar nicht mehr darauf reagiert.

Das Spiel, in das sie vertieft waren, schien sie sehr zu beschäftigen. Sie saßen im Kreis auf einem Treppenabsatz und steckten die Köpfe zusammen.

»Darf man fragen, was ihr da ausbrütet?« fragte Marcovaldo.

»Bitte stör uns nicht, Papa, wir müssen uns Geschenke ausdenken.«

»Geschenke? Für wen?«

»Für ein armes Kind. Wir sollen ein armes Kind suchen, dem wir dann was schenken.«

»Und wer hat euch das gesagt?«

»Es steht in unserer Lesefibel.«

Marcovaldo wollte schon sagen: »Eigentlich seid ihr ja auch arme Kinder!« Aber die Ereignisse der letzten Woche hatten ihn so sehr dazu verleitet, sich selbst für einen Bewohner des Schlaraffenlandes zu halten, in dem alle glücklich waren und kauften und schenkten, was das Zeug hielt, daß er es für nicht ratsam hielt, vor den Kindern von Armut zu sprechen. Statt dessen sagte er: »Arme Kinder gibt's nicht mehr!«

Der kleine Michele stand auf und fragte: »Ist das der Grund dafür, daß du uns nichts mitgebracht hast, Papa?«

Marcovaldo spürte einen kleinen Stich im Herzen. »Jetzt muß ich erst mal meine Prämie verdienen«, sagte er in Eile, »dann kann ich euch auch was mitbringen.«

»Und womit verdienst du deine Prämie?« wollte der kleine Filippo wissen.

»Ich fahre Geschenke aus«, erwiderte Marcovaldo.

»Für uns?«

»Nein, für andere Leute.«

»Warum nicht für uns? Mach das doch zuerst ...«

Marcovaldo versuchte es den Kindern zu erklären. »Weil ich nicht der Nikolaus der Mitarbeitermotivationsabteilung, sondern der Nikolaus der Werbeabteilung bin. Klar?«

»Nee.«

»Also, seht mal, das ist so ...«

Aber dann gab er es auf. Und da es ihm leid tat, daß er mit leeren Händen gekommen war, gedachte er es dadurch wieder gut zu machen, daß er seinen kleinen Michele mit auf Tour nahm.

»Wenn du brav bist«, bot er ihm an, »darfst du mitkommen und zusehen, wie dein Papa den Leuten die Geschenke bringt.«

Er schwang sich auf den Fahrersitz des Lieferwagens.

»Gut, vielleicht finde ich ja ein armes Kind«, meinte Michele. Er sprang auf und hielt sich an den Schultern seines Vaters fest.

Auf der Fahrt in die Stadt fielen Marcovaldo ausschließlich rot-weiße Nikoläuse auf. Sie sahen exakt genauso aus wie er; sie fuhren Motorroller und Lieferwagen, hielten bepackten Kunden die schweren Kaufhaustüren auf oder halfen ihnen, ihre Einkäufe in ihren eigenen Autos zu verstauen. Alle waren sie so konzentriert und so vielbeschäftigt, als wäre ihr einziger und höchster Daseinszweck, den festlichen Weihnachtsbetrieb aufrechtzuerhalten.

Wie alle seine Kollegen raste Marcovaldo von einer Adresse zur nächsten; er kletterte von seinem Fahrersitz herunter, stieg auf den Lieferwagen, sortierte die Pakete, nahm eines aus dem Stapel, brachte es an die Haustür, leierte dort die Worte: »Die Sbav wünscht Ihnen frohe Weihnachten und ein glückliches Neues Jahr!«, erhielt sein Trinkgeld und fuhr weiter.

Das Trinkgeld war zuweilen recht beachtlich, und Marcovaldo hätte eigentlich mehr als zufrieden sein können, aber eins vermißte er: Jedesmal, wenn er an der Tür stand und läutete, hinter sich den kleinen Michele, freute er sich auf ein überraschtes, glückliches, dankbares Gesicht – aber die Leute beachteten ihn nicht mehr als den Briefträger, der ihnen jeden Tag die Zeitung brachte.

Das nächste Haus auf der Liste war eine luxuriöse Villa. Ein Kindermädchen öffnete die Tür. Sie sagte: »Oh, noch ein Paket! Darf ich fragen, von wem Sie kommen?«

»Die Sbav wünscht Ihnen ...«

»Ist gut, folgen Sie mir«, unterbrach sie ihn und ging voraus. Der Flur, durch den sie gingen, war voll von edlen Teppichen, Gobelins und Majolika-Vasen. Der kleine Michele, der hinter seinem Vater herging, staunte nicht schlecht.

Das Kindermädchen öffnete eine Glastür. Sie traten in einen Saal mit hoher Decke, in dem ein großer Tannenbaum stand. Es war ein richtiger Weihnachtsbaum; an seinen Zweigen funkelten bunte Glaskugeln und alle möglichen Süßigkeiten und Geschenke. An der Decke hingen schwere kristallene Kronleuchter; sie ragten in die höchsten Spitzen des Tannenbaums hinein. Auf einem Tisch standen Karaffen und Vasen aus echtem Silber und Bergkristall, Dosen mit Süßigkeiten und Geschenkkassetten mit erlesenen Weinen. Unter dem Christbaum auf einem Teppich lagen Spielsachen aller Art – so viele, daß es für jedes gute Spielzeuggeschäft gereicht hätte. Besonders zahlreich vertreten waren komplizierte elektronische Geräte und Raumschiff-Modelle.

Inmitten dieser Pracht, auf einer dunklen Ecke des Teppichs, lag ein Kind, ein Junge im Alter von etwa neun Jahren, auf dem Bauch. Er blätterte mürrisch und sichtlich gelangweilt in einem Bilderbuch, als ob ihn alles, was um ihn herum vorging, völlig kaltließe.

»Schau mal, Gianfranco«, sagte das Mädchen, »der Nikolaus ist nochmal zurückgekommen und hat dir noch ein Geschenk gebracht.«

»Nummer dreihundertzwölf«, seufzte das Kind, ohne von seinem Buch aufzusehen. »Legen Sie's bitte da hinten hin.«

»Das Kind hat recht«, sagte das Kindermädchen, »das ist sein dreihundertundzwölftes Geschenk. Gianfranco hat nicht eines ausgelassen; Zählen ist seine Stärke, müssen Sie wissen!«

Auf Zehenspitzen verließen Marcovaldo und der kleine Michele das Haus.

Draußen fragte Michele: »Papà, sag, war das ein armes Kind?«

Marcovaldo, der mit dem Heraussuchen des nächsten Päckchens beschäftigt war, antwortete nicht gleich. Dann protestierte er: »Was sagst du da? Arm? Weißt du, wer sein Vater ist? Der Präsident der Nationalen Vereinigung zur Förderung des Weihnachtsgeschäfts, Träger des Ritterordens und ...«

Er sah sich um. Wo war Michele? Marcovaldo rief: »Michelino! Michelino! Wo steckst du?« Nichts.

›Wahrscheinlich hat er einen anderen Weihnachtsmann

vorbeilaufen sehen, hat ihn mit mir verwechselt und ist ihm nach‹, überlegte Marcovaldo. Gedankenverloren setzte er seine Reise fort und sah zu, daß er schnell wieder heimkam.

Zu Hause angekommen, fand er seinen vermißten Sohn Michele quietschvergnügt im Kreise der Geschwister.

Er fragte ihn: »Sag mal, wo warst du denn? Ich hab dich überall gesucht ...«

»Ich bin nach Hause gelaufen, um die Geschenke für das arme Kind zu holen.«

»Für welches arme Kind?«

»Das, das so traurig aussah ... in der Villa mit dem Weihnachtsbaum ...«

»Was, das Kind meinst du? Was konntest du dem denn schenken?«

»Oh, wir haben uns was Schönes ausgedacht – drei Geschenke, in Stanniolpapier verpackt.«

Die Geschwister fielen ein: »Ja! Wir sind alle zusammen dort gewesen und haben sie ihm überreicht. Du hättest sehen sollen, wie er sich gefreut hat!«

»Na sowas!« spottete Marcovaldo. »Da hat er das ganze Haus voll Geschenke und freut sich ausgerechnet über die, die ihr ihm bringt?«

»Ja, ob du's glaubst oder nicht, genauso war es ... Er hat alle anderen Päckchen liegen lassen, aber unsere hat er gleich aufgemacht ...«

»Und was war drin?«

»Das erste Geschenk war ein Hammer – der große runde Holzhammer ausm Keller ...«

»Und?«

»Er ist vor Freude in die Luft gesprungen. Dann hat er den Hammer genommen und ihn gleich ausprobiert!«

»Ausprobiert?«

»Ja, er hat alle Spielsachen zertrümmert, und danach die Sachen aus Glas! Dann hat er das zweite Geschenk ausgepackt ...«

»Was war das?«

»Eine Steinschleuder. Du hättest sehen sollen, wie begeistert er war! Er hat alle Glaskugeln am Baum damit abgeschossen – eine nach der anderen. Dann waren die Kronleuchter dran ...«

»O je, hör auf, ich kann's mir lebhaft vorstellen! Und ... das dritte Geschenk ...?«

»Wir hatten nichts anderes mehr, also haben wir ihm einfach ein paar Streichhölzer aus der Küche eingepackt. Über die hat er sich am allermeisten gefreut. Er hat gesagt: ›Super, echte Streichhölzer! Die geben sie mir hier nie!‹ Dann hat er eins angezündet und ...«

»Und?«

»...hat das ganze Haus in Brand gesteckt!«

Marcovaldo schlug die Hände über dem Kopf zusammen. Er stöhnte: »Um Gottes willen! Ich bin ruiniert!«

Als er am nächsten Morgen zur Arbeit ging, machte er sich auf das Schlimmste gefaßt. In Windeseile zog er die Verkleidung an und lud seinen Lieferwagen voll. Er wunderte sich insgeheim, daß ihn noch niemand aufgehalten und angesprochen hatte – da aber rannten drei der Abteilungsleiter seines Kaufhauses auf ihn zu: die Leiter der Presse-, der Werbe- und der Vertriebsabteilung.

»Halt!« brüllten sie. »Alles abladen – aber dalli!«

›Da haben wir's!‹ dachte Marcovaldo und sah sich im Geiste bereits fristlos entlassen.

Aber es kam anders.

»Beeilung!« rief einer der drei Chefs. »Diese Pakete müssen sofort durch andere, neue ersetzt werden! Die Nationale Vereinigung zur Förderung des Weihnachtsgeschäfts hat eine neue Kampagne gestartet!«

»Das ist denen aber früh eingefallen!« knurrte der zweite Chef. »Hätten die das nicht rechtzeitig sagen können?«

»Nein. Es war ein plötzlicher Einfall des Präsidenten der Vereinigung«, erklärte der Angesprochene. »Sein Sohn soll ein paar völlig neuartige Geschenke, sogenannte Geschenkvernichtungsgeschenke, vermutlich aus Japan, bekommen haben. Man sagt, es waren die ersten Weihnachtsgeschenke, über die er sich wirklich gefreut hat ...«

»Was noch mehr zählt«, fügte der dritte Abteilungsleiter hinzu, »ist die Tatsache, daß dieses Geschenkvernichtungsgeschenk Artikel jeder Art kaputtmacht. Durch dieses neuartige Geschenk wird der Warenverbrauch angekurbelt und die Nachfrage belebt, und das alles in ganz kurzer Zeit und sozusagen von Kinderhand ... Der Präsident der Nationalen Vereinigung zur Förderung des Weihnachtsgeschäfts sieht hierin ungeahnte Perspektiven für die gesamte Wirtschaft, er ist hellauf begeistert ...«

»Und sein Sohn«, fragte Marcovaldo leise, »hat er tatsächlich einen so großen Schaden angerichtet?«

»Nun, es ist schwierig, den Schaden auch nur grob zu schätzen; wenn man bedenkt, daß das ganze Haus bis auf die Grundmauern niedergebrannt ist ...«

Marcovaldo fuhr die hell erleuchtete Straße entlang; es wimmelte nur so von Müttern, Kindern, Onkeln und Tanten, Ballons und Paketen, Schaukelpferden, Weihnachtsbäumen, Weihnachtsmännern, Hühnern, Truthähnen, Panettoni, Flaschen, Dudelsackbläsern, Schornsteinfegern und Straßenverkäufern, die Pfannen voll heißer Maroni auf ihren runden schwarzen Öfen springen ließen.

Die Stadt sah kleiner aus, als sie war – eingeschlossen in eine leuchtende Flasche, begraben im dunklen Herzen des Waldes, zwischen hundertjährigen Kastanienstämmen und einem dicken Mantel aus Schnee. Zuweilen hörte man in der Dunkelheit einen Wolf heulen, und die Hasen zogen sich in ihre schneebedeckte Höhle in der warmen roten Erde unter den Kastanienschalen zurück.

Ein Hase, ein weißer, hoppelte hinaus in den Schnee, stellte die Lauscher auf und lief im Mondenschein umher. Er war so weiß, daß man ihn im Schnee nicht sah, nur seine Pfoten hinterließen leichte Abdrücke, die wie

Kleeblätter aussahen. Auch der Wolf machte sich so gut es ging im schwarzen Schatten der Bäume unsichtbar; nur wenn er das Maul öffnete, sah man seine spitzen weißen Zähne.

Zwischen dem schwarzen Wald und dem weißen Schnee verlief eine natürliche Grenze. Auf der einen Seite lief der Hase entlang, auf der anderen der Wolf.

Der Wolf sah die Spuren des Hasen im Schnee und folgte ihm, hielt sich dabei aber immer auf seiner Seite, um nicht gesehen zu werden. Dort, wo die Spuren endeten, mußte der Hase sein; der Wolf verließ die schützende Deckung, sprang mit weit aufgerissenem Maul herbei und biß mit seinen scharfen Zähnen . . . ins Leere.

Der Hase saß ein paar Schritte entfernt, unsichtbar. Er kratzte sich mit einer Pfote am Ohr und hoppelte davon.

Wo ist er? Hier? Dort? Ein bißchen weiter da drüben?

Alles, was man sah, war eine weiße Schneedecke – so weiß wie das Blatt Papier, auf dem diese Geschichte steht.

Giovannino Guareschi

Gelb und Rosa

Es war schon knapp vor Weihnachten, und man mußte dringend die kleinen Statuen für die Krippe aus der Kiste holen, sie abstauben, hie und da die Farbe ausbessern, einige auch reparieren. Es war schon sehr spät, Don Camillo arbeitete aber noch immer in der Sakristei. Er hörte am Fenster klopfen und ging nach einer Weile aufmachen, weil es sich um Peppone handelte.

Peppone ließ sich nieder, während Don Camillo weiter seiner Beschäftigung nachging, und beide schwiegen lange.

»Himmelherrgott!« rief auf einmal wütend Peppone.

»Bist du in die Sakristei gekommen, um hier zu fluchen?« erkundigte sich ruhig Don Camillo. »Hättest du nicht fluchen können, als du im Parteiheim warst?«

»Man kann nicht einmal im Parteiheim mehr fluchen«, murmelte Peppone. »Man muß dort immer jedem dahergelaufenen Buben Rede stehen.«

Don Camillo fuhr fort, den Bart des heiligen Josef mit Bleiweiß anzustreichen.

»Ein Ehrenmann kann auf dieser schmutzigen Welt nicht mehr leben«, rief Peppone nach einer Weile.

»Und was geht das dich an?« fragte Don Camillo. »Bist du vielleicht inzwischen ein Ehrenmann geworden?«

»Ich war immer einer.«

»Ach, schön! Hätte ich mir nie gedacht.«

Don Camillo strich weiter den Bart des heiligen Josef an. Dann ging er auf das Kleid über.

»Haben Sie noch lange damit zu tun?« erkundigte sich Peppone verärgert.

»Wenn du mir hilfst, werden wir bald fertig sein.«

Peppone war Mechaniker und hatte Hände, groß wie Schaufeln, und enorme Finger, die sich kaum biegen konnten. Und doch, wenn man eine Uhr in Reparatur geben wollte, mußte man zu Peppone gehen. Das ist nämlich so, daß gerade die größten Riesen in den kleinsten Dingen sehr geschickt sind. Er flickte eine Autokarosserie genauso meisterhaft zusammen wie die kleinsten Rädchen eines Uhrwerks.

»Und was noch? Jetzt werde ich noch die Heiligen anstreichen!« murmelte er. »Sie verwechseln mich mit dem Mesner.«

Don Camillo fischte tief in der Kiste und zog etwas heraus, ein kleines Ding, rosa, nicht größer als ein Spätzchen, und es war gerade das Jesukind.

Die kleine Statue war auf einmal in Peppones Hand, ohne daß er selbst wußte, wie sie dorthin kam; da nahm er einen Pinsel und begann mit der Feinarbeit. Er auf einer Seite und Don Camillo auf der anderen Seite des Tisches, ohne einander zu sehen, weil zwischen ihnen der Lampenschirm war.

»Eine schmutzige Welt«, sagte Peppone. »Man kann niemandem trauen, wenn man etwas sagen will. Ich traue nicht einmal mir selbst.«

Don Camillo war ganz bei seiner Arbeit: er mußte das Gesicht der Madonna herrichten. Eine heikle Sache.

»Und mir traust du?« fragte Don Camillo gleichgültig.

»Ich weiß nicht.«

»Versuch mir etwas zu sagen, dann wirst du sehen.«

Peppone war mit den Augen des Jesukindes fertig: das war das Schwerste. Dann frischte er mit Rot die kleinen Lippen auf. »Ich möchte am liebsten alles in die Ecke schmeißen«, sagte Peppone, »man kann's aber nicht.«

»Wer hindert dich denn?«

»Mich hindern? Ich nehme eine Eisenstange und jage ein ganzes Regiment in die Flucht.«

»Hast du Angst?«

»Ich habe niemals in meinem Leben Angst gehabt!«

»Ich schon, Peppone. Manchmal habe ich Angst.«

Peppone tauchte den Pinsel ein.

»Ja, ich auch, manchmal«, sagte Peppone, und man hörte ihn kaum.

Auch Don Camillo seufzte.

»Die Kugel ist vier Finger von meiner Stirn entfernt vorbeigeflogen«, erzählte Don Camillo. »Hätte ich nicht gerade in diesem Augenblick den Kopf nach hinten gewandt, erledigt wäre ich gewesen. Es war ein Wunder.«

Jetzt war Peppone mit dem Gesicht des Kindleins fertig und strich den Körper rosa an.

»Es tut mir leid, daß ich ihn verfehlt habe«, murmelte Peppone. »Es war aber zu weit, und die Kirschbäume waren dazwischen.«

Don Camillo hörte auf zu pinseln.

»Seit drei Nächten«, erklärte Peppone, »streifte Brusco um das Haus des Pizzi, weil wir fürchteten, daß jemand den Buben beseitigen könnte. Der Bub muß gesehen haben, wer vom Fenster auf seinen Vater schoß, und der andere weiß es. Ich kreiste inzwischen um Ihr Haus herum. Ich war nämlich sicher, daß der andere annimmt, Sie wüßten es, wer auf Pizzi geschossen hat.«

»Der andere, wer?«

»Ich weiß nicht«, antwortete Peppone. »Ich habe ihn von weitem gesehen, wie er zum Fenster der kleinen Kapelle ging. Ich konnte aber nicht schießen, bevor er etwas getan hatte. Kaum hatte er geschossen, habe auch ich es getan. Ich habe ihn verfehlt.«

»Der Herr sei gelobt«, sagte Don Camillo. »Ich weiß, wie du schießt, und ich kann dir nur sagen, daß es zwei Wunder waren.«

»Wer kann es sein? Nur Sie und der Bub wissen es.«

Don Camillo sprach langsam.

»Ja, Peppone, ich weiß es, nichts auf der Welt kann mich aber dazu bringen, das Beichtgeheimnis zu verletzen.«

Peppone seufzte und fuhr fort zu malen.

»Etwas stimmt nicht«, sagte er plötzlich. »Es scheint mir, als ob mich alle jetzt mit anderen Augen anschauen würden. Alle, auch Brusco.«

»Dem Brusco wird es auch so vorkommen. Den anderen auch«, antwortete Don Camillo. »Jeder hat Angst vor dem anderen, und immer, wenn er spricht, glaubt er, sich verteidigen zu müssen.«

»Warum denn?«

»Lassen wir die Politik in Ruhe, Peppone.«

Peppone seufzte wieder.

»Ich fühle mich wie im Unrecht«, sagte er finster.

»Es gibt immer eine Tür, durch die man aus jedem Gefängnis der Erde entschlüpfen kann«, antwortete Don Camillo. »Zuchthäuser gibt es nur für den Körper. Und der Körper zählt wenig.«

Das Jesukind war jetzt fertig, frisch in der Farbe und

so rosa und hell, daß es mitten auf der enormen dunklen Hand Peppones zu leuchten schien.

Peppone schaute es an, und es schien ihm, daß er die Wärme dieses kleinen Körpers auf seiner Hand spüre. Und er vergaß das Zuchthaus. Er legte das rosa Jesukind sanft und vorsichtig auf den Tisch, und Don Camillo stellte daneben die Madonna.

»Mein Kleiner lernt jetzt das Weihnachtsgedicht«, berichtete stolz Peppone. »Ich höre jeden Abend, wie es seine Mutter mit ihm vor dem Schlafen wiederholt. Er ist ein Phänomen.«

»Ich weiß«, bestätigte Don Camillo. »Auch das Gedicht für den Bischof hat er herrlich gelernt gehabt.«

Peppone straffte sich. »Das war eine Ihrer größten Gaunereien!« rief er, »dafür werden Sie mir noch zahlen.«

»Zum Zahlen und zum Sterben ist immer Zeit«, erwiderte Don Camillo.

Neben die über das Jesukind gebeugte Madonna stellte er den kleinen Esel.

»Das ist Peppones Sohn, das ist Peppones Frau, und das ist Peppone«, sagte Don Camillo und berührte zum Schluß den kleinen Esel.

»Und das ist Don Camillo!« rief Peppone, nahm den kleinen Ochsen und stellte ihn zur Gruppe.

»Ach was, unter Tieren versteht man sich immer gut«, schloß Don Camillo.

Nach dem Abschied tauchte Peppone wieder in die düstere Nacht der Po-Gegend, war aber jetzt ganz ruhig, weil er in der hohlen Hand die Wärme des Jesukindleins spürte.

Dann hörte er im Ohr die Worte des Gedichtes klingen, das er schon auswendig kannte.

»Wenn er es mir am Heiligen Abend aufsagt, wird das herrlich sein!« freute er sich. »Und wenn es auch die Volksdemokratie anders befehlen wird, man muß diese Gedichte belassen. Ach was, vorschreiben muß man sie!«

Der Strom fließt ruhig und langsam, dort, zwei Schritte vom Fuße des Dammes, und auch er ist ein Gedicht: ein Gedicht, das angefangen wurde, als die Welt begann, und das sich noch immer fortsetzt. Und um den kleinsten unter den Milliarden von Steinen am Grunde des Wassers abzurunden und abzuschleifen, waren tausend Jahre notwendig.

Und nur in zwanzig Generationen wird das Wasser ein neues Steinchen geschliffen haben.

Und in tausend Jahren werden die Leute mit einer Stundengeschwindigkeit von sechstausend Kilometern mit Superatomraketen fliegen, und wozu? Um an das Jahresende zu gelangen und mit offenem Munde vor demselben Jesukind aus Gips stehenzubleiben, das Genosse Peppone an einem dieser Abende mit dem kleinen Pinsel bemalt hat.

Der Carabiniere
Schwank aus der Gegend um Rom

Es war einmal ein junger Mann, der hatte keinen Vater und keine Mutter mehr und war von Natur aus nicht gerade hell im Kopf. Da er niemanden hatte, der sich um ihn kümmerte, trieb er sich den ganzen lieben langen Tag auf der Straße herum, ohne zu wissen, was er tun oder – was noch schlimmer war – wie er zu Geld kommen sollte.

Eines Tages ging er zu einem Bauern und bat ihn fast auf Knien um Arbeit, bis der Bauer aus Mitleid einen kleinen Karren mit drei Sack Weizen belud und sagte: »Hier, bring diese Säcke zur Mühle und sieh zu, daß aus den drei Säcken zehn werden.«

»Wie?«

»Sieh zu, daß sie aus diesen drei Säcken Weizen zehn Säcke Mehl machen!«

Gesagt, getan. Unser Dummkopf machte sich auf den Weg, und damit er es nicht vergesse, murmelte er immer wieder seinen Satz vor sich hin: »Es sollen zehn Säcke daraus werden... Es sollen zehn Säcke daraus werden...«

Es dauerte nicht lange, da kam er an einer Tenne vorüber, in der Getreide gedroschen wurde.

Er stellte sich davor und sprach laut vor sich hin: »Es sollen zehn Säcke daraus werden... Es sollen zehn Säcke daraus werden...«

»Was sagst du da?« fragte ihn einer der Männer.

»Es sollen zehn Säcke daraus werden... Es sollen zehn Säcke daraus werden...«

»Den soll doch der Blitz treffen!« schimpfte der Mann, zu den anderen gewandt. »Habt ihr gehört, was uns dieser junge Nichtsnutz wünscht? Aus unserer ganzen Ernte sollen nur zehn Säcke Korn werden, sagt er, nicht mehr.«

»Den kaufen wir uns!« brüllten die Männer und prügelten den armen Dummkopf windelweich.

Der schrie wie am Spieß, und als sie von ihm abließen, fragte er: »Was hätte ich denn sagen sollen?«

»Du hättest sagen müssen, es sollen noch tausend dazu.«

Gesagt, getan. Er machte sich also wieder auf den Weg und murmelte dabei ständig vor sich hin: »Es sollen noch tausend dazu.«

Auf seinem Weg kam er an ein Haus, vor dem eine heftig bewegte, trauernde Menschenmenge stand. Ein sterbender Mann wurde aus dem Haus getragen.

Der Jüngling parkte seinen Karren, trat vor das Haus, um zu sehen, was es gab, und sprach laut vor sich hin: »Es sollen noch tausend dazu. Es sollen noch tausend dazu.«

Ein Verwandter des Sterbenden blickte ihn finster an und fragte: »Was sagst du da?«

»Ich sagte: Es sollen noch tausend dazu.«

Der Mann sah rot. Er griff nach dem ersten besten Stock und schlug auf den Dummkopf ein. Der jammerte und schrie: »Aber, was hätte ich denn sagen sollen?«

»Du hättest sagen sollen: Einer ist schon zuviel. Das hättest du sagen sollen!«

Unser Einfaltspinsel ging also weiter und sprach dabei laut vor sich hin: »Einer ist schon zuviel. Einer ist schon zuviel.«

Der Zufall wollte es, daß er auf der Straße einem Fuhrmann begegnete, der sich fluchend und schwitzend abmühte, seine zwei Pferde wieder aus dem Graben zu ziehen, in den sie gerutscht waren. Er zog und stieß sie und traktierte sie mit Fäusten, aber die Tiere bewegten sich keinen Zentimeter.

Der Dummkopf stand daneben, sah sich die Sache an und sagte: »Einer ist schon zuviel. Einer ist schon zuviel.«

Schließlich gelang es dem schweißüberströmten Fuhrmann, eines der beiden Pferde aus dem Graben zu ziehen. Aber bei dem anderen war alle Liebesmüh vergebens.

Da hörte er den Dummkopf abermals sagen: »Einer ist schon zuviel. Einer ist schon zuviel.«

Als er sah, daß der junge Kerl nur herumstand, anstatt mit anzupacken, und ihn obendrein auch noch verhöhnte, riß dem Fuhrmann der Geduldsfaden. Er packte seinen Regenschirm und schlug wie wild auf unseren Dummkopf ein.

Der heulte jämmerlich und stöhnte: »Aber, was hätte ich denn sagen sollen?«

»Du hättest sagen sollen: ›Hoffentlich kommt auch das andere raus‹.«

Gesagt, getan. Unser Mann machte sich wieder auf die Socken. Wimmernd vor Schmerzen, wiederholte er immer wieder seinen Satz: »Hoffentlich kommt auch das andere raus. Hoffentlich kommt auch das andere raus.«

Inzwischen war es Nacht geworden. Unser Freund lief immer noch auf der Suche nach einem Stück Brot durch die Gegend. Da traf er einen anderen Fuhrmann, der vom Bock gestiegen war und gesenkten Kopfes auf der Erde etwas suchte. Er bemerkte unseren Dummkopf und sprach ihn an:

»He, Ihr da! Könnt Ihr mir helfen, einen Goldring zu suchen? Er muß aus dem Seidentuch gefallen sein, das ich um den Hals trug. Es ist so dunkel, und mein eines Auge ist kaputt.«

»Hoffentlich kommt auch das andere raus.«

»Wie sagtest du?« fragt der Fuhrmann empört.

»Ich sagte: Hoffentlich kommt auch das andere raus.«

»Ach, du willst dich wohl über mich lustig machen, wie? Na, warte ...«

Der Fuhrmann holte mit seiner Peitsche aus, und wenn unser Dummkopf sich nicht rechtzeitig aus dem Staub gemacht hätte, hätte er ihn wahrscheinlich in Stücke geschlagen.

Bald sah der Dummkopf ein, daß er so wohl nicht zu Geld kommen werde und beschloß kurzerhand, sich bei den Carabinieri zu bewerben. Und weil er körperlich gesund und gehorsam war, nahmen sie ihn auch. Sie kleideten ihn ein und ließen ihn mit einem Kollegen zusammen eine Abteilung im Gefängnis bewachen.

Einen, zwei, drei, ja sogar vier Monate lang war alles in Ordnung.

Dann kam der Abend des 24. Dezember. Sein Kollege, der an diesem Weihnachtsabend natürlich lieber im Kreise der Familie schlemmen wollte, als Gefangene zu bewachen, fragte den jungen Mann: »Sag, kann ich mich auf dich verlassen? Ich möchte heute abend gern nach Hause und mit meiner Familie einen Happen essen ...«

»Klar, Kollege. Verlaß dich nur auf mich.«

»Aber laß dich ja nicht von den Gefangenen foppen.«

»Keine Angst. Das sollen die nur versuchen.«

»Also gut. Ich gehe dann. Gleich nach dem Essen bin ich wieder zurück. Mach's gut, Kollege ...«

Und weg war er.

Einer der Gefangenen hatte an seinem Kerkerfenster gestanden und alles mit angehört. Kaum war der Wärter gegangen, klopfte er an die Zellentür, bis unser Dummkopf auf ihn aufmerksam wurde und herbeikam, um nachzusehen, was er wollte.

Der Halunke schlug die Hände vors Gesicht und jammerte: »So ein Unglück! Ausgerechnet in dieser Heiligen Nacht muß ich armer Mann hier im Gefängnis sitzen. Und das, wo ich doch völlig unschuldig bin ...«

»Unschuldig?« fragte unser Carabiniere verdutzt.

»Ja, glaubt mir, mein Herr, ich kann es beschwören – so rein und unschuldig wie Weihwasser.«

»Das tut mir aber leid!«

»Aber das ist noch nicht alles«, fuhr der Halunke fort. »Das Herz bricht mir, wenn ich daran denke, daß meine arme alte Mutter jetzt zu Hause sitzt und mit dem Essen auf mich wartet – kein gewöhnliches Mahl, nein, ein richtiger Weihnachtsschmaus mit siebzig Gängen, einer herrlicher als der andere!«

Er schien kurz davor, in Tränen auszubrechen.

Da fragte der Carabiniere mitfühlend: »Wohnt sie weit weg, deine Mutter?«

»Aber nein. Es ist nur ein Katzensprung von hier – bei der Kirche Santa Lucia, gegenüber von der Kohlenhandlung ... Meine arme Mutter, die nicht weiß, wo ich bin, wartet sicher schon seit Stunden auf mich, und jetzt weint sie sich die Augen aus, weil ich nicht komme. Sie hat doch sonst niemanden mehr ...«

»Hör zu«, sagte der Carabiniere. »Wenn du gegessen hast, kämst du dann auch gleich zurück?«

»Natürlich, Herr Wachtmeister, und nicht nur das. Wenn ich zurückkomme, bringe ich Euch so viele so gute Sachen mit, daß Ihr zehn Tage davon essen und hundert Tage trinken könnt.«

»Prima«, freute sich der Dummkopf, »und wenn mein Kollege zurückkommt, kann er mit mir zusammen weiteressen!«

»Das ist eine gute Idee! Aber wenn Ihr wollt, daß ich bald wieder mit dem Essen zurück bin, müßt Ihr mir bitte sofort aufsperren.«

»Zuerst gib mir dein Ehrenwort ...«

»Auf meine Ähre – ich komme in einer Stunde zurück!«

»Gut. Ich verlasse mich auf dich.«

Der Carabiniere öffnete die Zellentür, und der Häftling, der es immer noch nicht glauben wollte, verschwand, so schnell ihn seine Beine tragen konnten.

So weit, so gut. Es wurde elf Uhr, halb zwölf, schließlich Mitternacht. Kein Mensch kam. Die Uhr schlug eins, halb zwei, dann zwei. Was ist jetzt? dachte sich der Carabiniere.

Endlich hörte er Schritte. »Gott sei Dank!« rief er. »Ich wäre fast verhungert!«

Aber vor ihm stand nicht sein Gefangener mit dem Essen, sondern sein Kollege. Er fragte: »Nun? Alles in Ordnung?«

»Jawohl.«

»Hast du schon gegessen?«

»Nein. Mir ist heute nicht nach Kantine. Wir zwei kriegen heute abend was anderes, was besonders Feines – du wirst schon sehen!«

»So, so. Und wer bringt dir das Essen?«

»Der da«, antwortete der Carabiniere und deutete auf die leere Zelle. »Er bringt es uns selbst her. Er muß jede Minute hier sein.«

»Und wer hat ihn rausgelassen?«

»Ich.«

»Du Hornochse!« brüllte er, packte seinen Kollegen an der Dienstkrawatte, warf ihn in die Zelle des Entwichenen und sperrte ihn ein.

»Jetzt kannst du hier auf ihn warten, bis du schwarz wirst, du Idiot!«

Und da säße unser armer Carabiniere wohl heute noch und würde auf die Ankunft des Weihnachtsschmauses warten – wenn nicht irgendein Vorgesetzter gemerkt hätte, daß er nicht gerade hell im Kopf war, und ihn anderswo einsperren ließ ...

ZWEITES KAPITEL

AUF DER FLUCHT NACH ÄGYPTEN UND ANDERE LEGENDEN

Die Flucht nach Ägypten
Legende aus den Abruzzen

Herodes war ein machtbesessener und mißgünstiger König, und obendrein mochte er keine Kinder. Als man ihm mitteilte, in seinem Reich sei ein Kind geboren, das einst Herr der Welt sein und ihm die Macht entreißen würde, überlegte er nicht zweimal, sondern befahl, daß alle männlichen Neugeborenen getötet werden sollten.

Daraufhin setzte eine große Fluchtbewegung ein. Alle, die kleine Kinder hatten, versteckten ihre Säuglinge in den Wäldern und in Höhlen, aber das war nicht leicht, denn Herodes ließ im ganzen Land seine Pharisäer ausschwärmen, und die waren, wie man weiß, erbarmungslos. Kaum sahen sie eine Frau mit ihrem Kind im Arm, hielten sie sie an, rissen ihr das Kind aus dem Arm und hieben ihm den Kopf ab.

Unter den unzähligen Unglücklichen, die flüchten mußten, waren auch Joseph, Maria und ihr Kind Jesus. Sie verließen ihre Heimat und machten sich auf den Weg nach Ägypten, denn sie wußten, daß ausgerechnet ihr Bub zum Herrscher über die ganze Welt ausersehen war und fürchteten, Herodes werde nicht aufhören, nach dem Kind zu suchen, selbst dann nicht, wenn das allgemeine Gemetzel an unschuldigen Kindern beendet wäre. Sie wollten nach Ägypten gehen, denn hier regierte ein anderer König, der keine Kinder umbrachte; aber die Reise war lang und beschwerlich, und die Straßen waren voll von Pharisäertruppen, die bis an die Zähne bewaffnet waren.

Vorsichtshalber versteckte die heilige Jungfrau ihr Kind in einer Schürze. Sie lief mit ihrer Last voraus, während Joseph, der schon alt war und nicht mehr gut laufen konnte, ihr mühsam folgte; dabei zog er die Beine nach und stützte sich auf seinen blumenverzierten Stock.

Sie hatten bereits ein gutes Stück Wegs hinter sich gebracht, ohne angehalten zu werden, da trafen sie auf eine Horde Pharisäer, die mißtrauisch die gewölbte Schürze der Madonna beäugten. Der Anführer der Schar rief Maria zu sich und fragte: »Was habt Ihr da in Eurer Schürze, Frau?«

Die Madonna blieb stehen. Sie wollte nicht die Wahrheit sagen, konnte aber auch nicht lügen; daher sagte sie:

»Ihr meint, da vorn?«

Der Himmel fügte es, daß gerade in dem Augenblick, da sie dies sprach, ein Fuhrwerk mit quietschenden Rädern an ihnen vorbeifuhr. Das laute Quietschen übertönte ihre Stimme, und der Hauptmann verstand: »Einen Scheffel voll Korn.« So ließ er sie in Frieden weiterziehen und riet ihr sogar, sie solle die Schürze fest zuhalten, anderenfalls würde das meiste Korn auf der Straße anstatt in der Mühle landen.

Der Hauptmann war übrigens weder ein Dummkopf noch besonders leichtgläubig: Kaum hatte die Madonna ihren Satz beendet, waren tatsächlich ein paar Körner Weizen aus ihrer Schürze gerieselt. Aber die aufgeregte Maria merkte nichts davon und lief so schnell sie konnte weiter. Der arme alte Joseph kam kaum noch hinterher.

Sie konnten ihr schnelles Tempo nicht lange halten, denn das Kind wurde unruhig, und die nächste Pharisäer-Patrouille kam ihnen entgegen. Die heilige Jungfrau, dicht gefolgt von Joseph, lief auf die erste beste Hütte zu und betete zu Gott, daß die Bewohner Mitleid mit ihnen haben würden.

Es war Freitag, und die Hausfrau in der Hütte knetete gerade den Brotteig für den Sabbat. Maria hatte keine Sekunde Zeit zu verlieren; sie hob ihr Kind hoch, so daß die andere es sehen konnte, und flehte mit Tränen in den Augen: »Ich bitte Euch, gute Frau, versteckt dieses unschuldige Kind in Eurem Brotteig. Die Pharisäer sind uns dicht auf den Fersen und wollen es töten!«

Ohne zu zögern nahm die beherzte Frau das Kind. Sie

schaffte es gerade noch rechtzeitig, es im Brotteig zu verstecken; schon standen die Pharisäer vor ihrer Tür.

Ohne ein Wort des Grußes fragte der Hauptmann: »Sind Kinder im Haus?«

Die Frau antwortete ruhig: »Wie Ihr seht, sind hier nur wir beiden Frauen und der alte Mann da drüben.« Sie legte den Teig in den Backtrog zurück.

Die Pharisäer glaubten ihr nicht und durchsuchten die ganze Hütte. Sie sahen unters Bett, in den Speiseschrank, ja sogar in die Fässer – sie suchten jeden Winkel und jede Nische ab, aber sie fanden nicht die Spur eines Kindes. Währenddessen ging der Teig im Backtrog auf, daß es eine Freude war.

»Gesegnet sei der Teig, der am Freitag gedeiht!« rief Maria, und während die Pharisäer unverrichteter Dinge von dannen zogen, quoll der Teig im Backtrog über.

Als die Hausfrau ihn in die Hand nahm und daraus Brotlaibe formte, sah sie, daß er nicht aufhören wollte, daß immer neuer Teig nachkam, so viele Brote sie auch formte. Sie rief all ihre Freundinnen und Nachbarinnen zu sich und gab jeder etwas von dem Teig ab, und der mitgebrachte Teig vermehrte sich auch in ihren Häusern auf wunderbare Weise. Einen Teig wie diesen hatten die Leute noch nie gesehen und gekostet; sie nannten ihn Sauerteig. Die Brote, die aus ihm geformt und gebacken wurden, schmeckten hervorragend; aber Maria und der heilige Joseph hatten keine Zeit mehr, sie zu probieren. Sobald die Soldaten verschwunden waren, machten sie sich wieder auf den Weg nach Ägypten.

Leider kamen sie nicht weit. Sie waren kaum um die Ecke gebogen, als sich ihnen bereits der nächste Trupp Pharisäer näherte. Sie flüchteten sich in eine andere Hütte, in der eine Frau saß und ihr Haar kämmte.

»Ich bitte Euch«, flehte Maria sie an, »seid so gut und versteckt mein Kind in Euren Haaren. Die Pharisäer sind hinter ihm her.«

Die Frau sah sie mitleidig an. »Ich würde Euch gern

helfen, liebe Frau. Aber Ihr seht ja, wie kurz meine Haare sind.«

»Wir haben keine Wahl. Versuchen wir es.«

Maria nahm das Jesuskind hoch. Als es die Haare der fremden Frau berührte, wuchsen diese in einem Augenblick. Sie wurden so lang, daß sie bis zum Boden reichten. Nun fiel es nicht mehr schwer, ein Kind in den langen Flechten zu verbergen, und als die Verfolger die Hütte betraten, sahen sie nichts weiter als einen alten Mann, der auf einen blumengeschmückten Stock gestützt schlummerte, und zwei junge Frauen, von denen die eine ihre langen Haare wie einen Turban um den Kopf gewickelt trug.

»Habt ihr eine junge Frau mit einem Kind im Arm gesehen?« fragten die Soldaten.

»Ja«, antwortete die Hausfrau, die gerade die letzte Haarnadel an ihrem gewaltigen Schopf feststeckte.

»Aha. Und wann war das?«

»Als meine Haare noch eine Spanne lang waren.«

Auch diesmal mußten die Pharisäer unverrichteter Dinge abziehen. Die Madonna aber dankte ihrer Retterin und sprach: »Gesegnet sei der Schopf, der am Freitag wird zum Zopf.«

Die Hütte der Frau mit den langen Haaren war die letzte am Ortsende. Vor Maria und Joseph lag das weite, offene Land. Sie wanderten und wanderten, bis sie erschöpft waren und am Ufer eines Baches Rast machten. Da man von hier das Gelände gut übersehen konnte und weit und breit keine Pharisäer auftauchten, nutzte Maria die seltene Gelegenheit, ihr Kind zu waschen und frisch zu wickeln. Sie wusch die Windel im klaren Wasser des Baches aus und legte sie unter einen Baum zum Trocknen. Dann bettete sie das nackte Kind auf ihrer Brust und schlief neben Joseph ein, der schon in tiefem Schlummer lag.

Beide schliefen so fest, daß sie die Zigeunerkarawane nicht bemerkten, die in ihrer Nähe vorbeizog. Eine Zigeunerin sah die Windel des Jesuskindes, die zum Trocknen in der Sonne lag, nahm sie und stahl sich mit ihr davon. Als die Madonna erwachte, hatte sie nichts mehr, womit sie den Jungen anziehen konnte. Also wickelte sie ihn in einen Schal, weckte ihren Joseph und zog mit ihm zusammen weiter.

Schon war es Abend. Sie wanderten die ganze Nacht hindurch, bis sie im Morgengrauen an einen Einödhof kamen. Sie waren müde und hungrig, aber aus diesem Grund allein wären sie wohl nicht das Risiko eingegangen, erneut bei fremden Menschen Hilfe zu suchen. Vielmehr brauchten sie dringend eine Windel für das nackte Jesuskind.

Maria klopfte an die Tür und bat die Bäuerin: »Bitte, gute Frau, gebt mir eine Windel. Mein armes Kind friert so.«

Die Bäuerin hatte ein gutes Herz. Sie brachte nicht nur die gewünschte Windel, sondern auch eine Schüssel mit frischem, lauwarmem Wasser, damit Maria ihr Kind waschen konnte. Sie wusch und wickelte es, dann ging sie vors Haus und schüttete das Wasser auf den Erdboden. Genau an der Stelle, wo das Wasser die Erde berührte, wuchs ein bis dahin in der Gegend unbekannter Baum, der Lorbeerbaum, zum Gedenken an die Hilfsbereitschaft der Bauersfrau.

Die drei Reisenden hatten den Einödhof noch nicht lange verlassen, da wurde erneut an die Tür gepocht. Es waren wiederum die Pharisäer. Sie fragten die Bäuerin: »Ist hier eine Frau mit einem Kind vorbeigekommen?«

»Ja.«

»Wann war das?«

»Als der Baum da gepflanzt wurde.«

Enttäuscht und mißmutig zogen sich die Verfolger zurück. Aber sie hatten die Zwischenzeit genutzt, um Verstärkung zu rufen. Die Madonna, die aus allen Richtungen Pharisäer herbeilaufen sah, war in heller Aufregung. Sie wußte nicht mehr, wo sie sich noch verstecken sollte, denn es galt, eine weite, gut zu überblickende Ebene zu überqueren. Im ganzen Umkreis gab es weder Hütten noch Höhlen. Plötzlich kam ihr die Idee, mit ihrem Kind in einem Olivenhain Schutz zu suchen.

Kaum hatte sie den Olivenhain erreicht, wurde sie auch schon von einem der Männer, der sie von weitem gesehen hatte, angerufen: »He, du da – ja, du, die Frau mit dem alten Mann! Was hältst du da im Arm? Bleib gefälligst stehen!«

Die Angesprochene hatte gerade noch Zeit, ihr Kind am Fuße eines dicken Olivenbaums, der direkt vor ihr stand, abzusetzen. Sie flüsterte: »Lieber Olivenbaum, bitte beschütze uns alle drei! Die Pharisäer sind hinter uns her und wollen mein Kind töten!«

Blitzschnell öffnete der alte Baum seinen großen dikken Stamm. Das Loch war gerade so groß, daß Maria und Joseph zusammen mit ihrem Kind darin Platz fanden. Dann schloß sich das Loch nach außen hin wieder. Im Inneren des Olivenbaums war es angenehm warm und bequem, und es war hell, denn in einem Olivenbaum fehlt es wahrlich nicht an Öl für die Lampe; von draußen aber sah man nichts.

Die Pharisäer, die die heilige Familie bis zum Beginn des Olivenhains verfolgt hatten, trauten ihren Augen nicht. Wo konnten sich die drei nur versteckt haben? Zwei Tage lang suchten sie die Gegend ab, durchkämmten den Olivenhain, durchwühlten Blätter und Zweige, hoben die Erde aus – vergebens. Schließlich glaubten sie, sich geirrt zu haben, und zogen ab. Der Olivenbaum wartete, bis sie in ausreichender Entfernung waren, bevor er sich auftat und die heilige Familie in die Freiheit entließ.

»Deine Frucht sei gesegnet«, sagte die heilige Jungfrau zu dem gastfreundlichen Olivenbaum. Seit jener Zeit ist es Brauch, Verbrennungen, Wunden und Geschwüre mit Olivenöl einzureiben. Dabei sagt man:

»Olivenöl, das unsern Herrn vorm Tod bewahrt,

Heilt bei getauften Seelen Wunden aller Art.«

Aber diese Bräuche verbreiteten sich erst viel später. Im Moment gab es weder Wunden zu versorgen noch Tote zu segnen, und nach ihrem zweitägigen Aufenthalt im Olivenbaum setzte die Madonna ihre Flucht nach Ägypten fort, immer mit dem Kind auf dem Arm und dem heiligen Joseph im Schlepptau.

Und schon stießen sie auf eine Räuberbande. Als ob die Pharisäer nicht schon Bedrohung genug wären! Die Bande war zahlreich und hatte zwei Anführer; einen guten und einen bösen.

Kaum sah er die heilige Jungfrau, sagte der böse Anführer zu seinen Leuten: »Die Frau sieht nicht schlecht aus. Die packen wir uns!«

Der gute Räuber jedoch meinte: »Laßt sie in Ruhe! Unsere Aufgabe ist es, Beute zu machen, und nicht, armen unschuldigen Frauen aufzulauern!«

Er stellte sich schützend vor Maria und beherbergte sie, das Kind und Joseph in der Höhle, in der er mit seiner Familie hauste, und ließ sie dort ein paar Stunden ausruhen. Als er sah, daß sie wieder bei Kräften waren, begleitete er sie noch ein Stück weit und verabschiedete sich dann von ihnen.

Später wurden die beiden Räuber zusammen mit Jesus Christus ans Kreuz geschlagen. Der Schlechte, der seine Taten bis zuletzt nicht bereute, endete in der Hölle, der Gute kam ins Paradies.

Aber das geschah erst 33 Jahre danach.

Zu dem Zeitpunkt, als der gute Räuberhauptmann sich von der heiligen Familie verabschiedete, war sie schon beinahe am Ziel. Von hier aus konnte man bereits die ägyptische Grenze sehen; die Rettung war nahe, aber vorher mußten die Reisenden noch ein flaches, unbewachsenes Riff überqueren, das ihnen keinerlei Deckung bot. Und tatsächlich – nach wenigen Minuten sahen sie abermals eine Schar Pharisäer, diesmal zu Pferde.

Maria und Joseph preßten sich an einen Felsen, machten sich so schmal, wie sie nur konnten, und versteckten das Kind, so gut es ging. Sie hofften, daß die Pferde ihrer Verfolger den glatten, rutschigen Felsboden scheuen würden, aber sie hatten sich getäuscht. Als wären sie von Dämonen besessen, sprangen die Tiere beherzt auf das Felsenriff und galoppierten drauflos, daß die Funken nur so von ihren Hufeisen sprühten.

Was aber tat Maria? Sie neigte sich über eine kleine Stechpalme, die in der Spalte zwischen zwei Felsen wuchs, und bat: »Liebe Stechpalme, bitte verbirg mein Kind zwischen deinen Zweigen! Sonst kommen die Pharisäer und bringen es um!«

Die Stechpalme tat ihr Bestes, und als die Pharisäer näherkamen, fanden sie nur eine Frau und einen armen Alten, die sich im Schatten einer Stechpalme ausruhten. Sie sahen sich kurz um und ritten weiter, ohne dem Vorfall allzuviel Bedeutung beizumessen.

Als die Stechpalme ihre Zweige wieder öffnete und das Jesuskind freigab, dankte die heilige Jungfrau ihr von Herzen. »Zum Lohn dafür, daß du meinen Sohn gerettet hast, darfst du von jetzt an das ganze Jahr über grün sein«, sagte sie.

Nun war der Weg nach Ägypten frei, und die heilige Familie erreichte ihr Fluchtziel wohlbehalten. Ihre Reise war anstrengend und voller Gefahren gewesen, aber jede überwundene Gefahr hatte zu einem neuen Wunder beigetragen, und diese Wunder sind bis heute zu erkennen: der Brotteig, der zum Sauerteig wird, die Haare, die schneller wachsen, wenn man sie am Freitag flicht, der Lorbeer, der aus dem Sandboden wächst, das heilige und zugleich heilende Olivenöl, ein Räuber, der ins Paradies kommt, und die Stechpalme, die immer grünt und nie vergilbt.

Sankt Nikolaus, der Patron der Seefahrer

St. Nikolausfeuer heißt in der Adria und Levante, doch auch in Frankreich, das sonst meist als St. Elmsfeuer bezeichnete elektrische Flämmchen, das bei Gewitterstürmen auf der See an Mastbaumspitzen, an der Küste auf Turmspitzen beobachtet wird und den Seeleuten als glückbringendes Zeichen gilt. Wie die alten Griechen dasselbe als Erscheinung der Dioskuren Kastor und Pollux begrüßten, so führte man es im Mittelalter auf Christus (Corpo santo) oder Maria (Stella maris), häufiger auf Sant Elmo oder Ermo und St. Nikolaus zurück. Die Seeleute der Adria stellen oft auf der Fahrt täglich eine Schüssel mit Speise für den hl. Nikolaus (wie die Griechen für den hl. Phokas) hin, die ihm abwechselnd einer von ihnen abkauft; der gesammelte Erlös wird nach glücklicher Ankunft den Armen des Hafens übergeben.

Einst riefen bei stürmischer See die Matrosen eines Schiffes den hl. Nikolaus inbrünstig an. Da erschien ein Mann, der ihnen kräftig an den Tauen und Rahen half; plötzlich legte sich der Sturm, und der Retter verschwand. Als die Schiffer ans Land kamen und die Kirche aufsuchten, erkannten sie in dem dort befindlichen Bilde des Heiligen die Züge jenes Mannes. Sie dankten ihm; er aber belehrte sie, der Dank gebühre dem göttlichen Erbarmen und ihrer Frömmigkeit, nicht seiner Hilfe. Ein Bild dieser Begebenheit befindet sich im Vatikan. Votivbilder für den Heiligen und Modelle der durch ihn geretteten Schiffe hängen in den meisten Kirchen der Hafenstädte, so in Pola, Triest, Volosca, Veprinaz, Albona, Poljane, besonders in Bari in Apulien, wo der 390 als Bischof von Myra gestorbene Nikolaus seine letzte Ruhestätte gefunden hat.

Der hl. Nikolaus ist wie anderwärts auch an der Adria der Beschützer der Kinder; er legt ihnen am Morgen seines Ehrentages (6. Dezember) Geschenke auf die Fensterbank. Am Abend vorher ziehen die Kinder unter dem Gesange von Bettelliedern herum, z. B. »San Nicolò di Bari, la festa dei scolari, scolari era boni, San Nicolò ghe porta bonboni.« Eine Kinderbescherung am Weihnachtsabend, den man durch ein großes Essen (Cenone, Mangiada) feiert, ist nicht Landessitte; erst neuerdings hat man in den besseren Familien Christbäume hergerichtet.

Der Patriarch Bertrand von Aquileja
Historisches aus dem Friaul

Der Patriarch Bertrand von Saint Ginnes, der 1338–1350 das Erzbistum Aquileja verwaltete und dessen Selbständigkeit gegen die Übergriffe der Grafen von Görz (Gorizia) zu verteidigen hatte, lebt im Andenken des Volkes als ein Heiliger fort. Als die Görzer Grafen seinen Vasallen Georgius von Duino angriffen, zog er 1340 gegen sie zu Felde. Unterstützt von dem Markgrafen von Mähren, dem späteren Kaiser Karl IV., eroberte er Cormons und belagerte um die Weihnachtszeit die tapfer verteidigte Burg Görz. Die Christmesse zelebrierte er im Lager in voller Rüstung, über die er das Meßgewand geworfen, unter dem Beistande des ebenfalls gewaffneten Abtes Guibert von Moggio. Ein gerüsteter Domherr las mit gezücktem Schwerte das Evangelium und machte mit der Waffe das Kreuzeszeichen.

Seitdem erschienen die Patriarchen von Aquileja alljährlich bei der Christmesse in voller Rüstung, und ein Domherr erteilte mit dem Schwerte den Segen. Nach dem Erlöschen des Patriarchats vererbte sich die Schwertsegenzeremonie auf die Metropolitankirchen von Görz und Udine und auf den Dom von Cividale. In

Cividale wurde der Schwertstreich seit den ältesten Zeiten am Epiphanientage gepflegt; der das Evangelium singende Diakon trug außer dem Schwert einen vergoldeten Helm mit weißen und roten Federn, den Farben der Stadt. In Udine wurde dieser Brauch 1848 aufgehoben; in der Görzer Domkirche wird er noch heut in der Christnacht geübt.

Anastasia
Legende aus den Westalpen

Einst lebte in der Stadt Bethlehem ein Mädchen ohne Hände und Finger. Sie war die Tochter eines hohen Tieres der Synagoge und hieß Anastasia. Über ihren Vater, einen düsteren, undurchsichtigen Kerl, munkelte man, er habe seine Seele dem Teufel verschrieben, nehme regelmäßig am Hexensabbat teil und verstehe sich auf die schwarze Magie.

Eines Abends, als dieser Mann zusammen mit drei anderen Anführern der Synagoge beim Essen saß, klopfte es dreimal leise an die Tür.

Beim ersten Mal hob er nur kurz den Kopf. Beim zweiten Mal fluchte er wie ein Ungläubiger. Beim dritten Mal drehte er sich zum Fenster hin und fragte den Störenfried mit einem ungnädigen Kopfnicken, was er denn wolle.

»Ich heiße Joseph«, antwortete der fremde Mann, »und bin Tischler. Meine Frau und ich haben in keinem Gasthof dieser Gegend Unterkunft gefunden. Ich habe gesehen, daß bei Euch Licht brennt und bin gekommen, Euch um Hilfe zu bitten, denn meine Frau hat soeben ein Kind zur Welt gebracht.«

»Ich helfe keinen Vagabunden. Verschwinde, und zwar schnell!«

»Oder bleib stehen, wenn du willst«, spottete ein anderer, »und zähl die Nägel in der Tür, damit du weißt, wie viele es sind.«

»Aber paß auf«, rief ein dritter, »daß dich die Hunde nicht zu fassen kriegen! Der Schmerz ist schlimmer als Zahnweh!«

»Ja, paß auf deine Waden auf!« schrien die vier, schlugen sich auf die Schenkel und johlten.

Sie blieben schön gemütlich im Haus und aßen weiter. Anastasia aber stand auf und ging hinaus, denn das, was sie gehört hatte, schmerzte sie und ließ ihr keine Ruhe. Sie war ein einfaches und gutes Mädchen, wie es kein zweites auf Erden gab.

»Hallo, Ihr da!« rief sie dem Armen zu. »Kann ich etwas für Euch tun?«

»Ich brauche Hilfe für meine Frau, die gerade ein Kind zur Welt gebracht hat. Ich brauche eine Frau, die ihr heute nacht beisteht.«

»Ich habe keine Finger und keine Hände. Aber wenn ich trotzdem etwas für Euch tun kann ...«

Gottvater selbst hätte es nicht besser fügen können: In einer Ecke standen ein Eimer Milch und ein Eimer mit frischem Wasser. Das Mädchen hängte die beiden Eimer an die äußeren Enden eines Stabes und lud sich den Stab auf die Schultern. Dann folgte sie Joseph in den Stall, wo außer Maria nur ein Ochse und ein Esel standen und das Neugeborene mit ihrem Atem wärmten. Da lag es, mitten auf dem armseligen Stroh und dem wurmstichigen Holzboden, und strahlte wie die Sonne selbst.

Das Mädchen fiel auf die Knie. Wie schön dieses kleine nackte Menschenkind war! Seine rosige Haut strahlte, als wäre es von innen beleuchtet. Anastasia konnte nicht anders: Sie nahm das Kind mit ihren beiden Armstümpfen auf und drückte es an ihre Brust. Nun geschah das Wunder: Kaum hatte sie das Kind berührt, da wuchsen ihr zwei Hände, weiß und schön wie die einer Fee, und beweglich, als hätte sie sie schon immer gehabt!

Sie dankte dem Kind und seiner Mutter auf Knien. Dann machte sie sich rasch ans Werk. Sie half der Madonna, schaukelte den Kleinen und säuberte den Stall, denn die Hirten und die Heiligen Drei Könige würden bald zu Besuch kommen.

Von überall her, ohne daß man wußte woher, hörte man Stimmen wie auf einem Fest, untermalt von volkstümlichen Schalmeien- und Sackpfeifenklängen. Das Mädchen saß inmitten der heiligen Familie und fühlte, es war von Hunderten von Engeln umgeben, die zu Ehren des Kindes ihre himmlischen Weisen sangen.

Als die Hirten kamen und Sahne, Käse, Äpfel und Nüsse brachten, ging Anastasia wieder zu ihrem Vater nach Hause.

Sie begrüßte ihn mit den Worten: »Papa, schau, was für schöne Hände ich habe!«

»Wie?« fragte der Vater verblüfft. »Wo kommen denn auf einmal die Hände her?«

»Die hat Er mir gegeben, Er, der alles kann, Vater, der Heiland, auf dessen Ankunft du und deine Freunde gewartet haben! Er ist heute nacht geboren worden, ganz in der Nähe, in dem alten Stall unten am Berg.«

»Du verfluchtes Miststück!« schimpfte der Vater. »Du hältst dich wohl für schlauer als alle Gelehrten, wie? Was hältst du da für verlogene und gotteslästerliche Reden?«

»Es ist keine Lüge, Vater, es ist die Wahrheit. Ich bin gekommen, um dich zu holen, damit du den Heiland selbst sehen kannst.«

»Ich soll mir irgendein rotznäsiges Armeleutekind in einem Stall anschauen? Nie und nimmer! Wahrscheinlich war dieser Vagabund vor unserer Tür ein Zauberer, der dich verhext hat! Ich werde dir die angehexten Hände wieder abschneiden – mit dieser scharfen Klinge!«

Der Mann wütete und tobte wie ein Besessener und zog seinen krummen Säbel. Aber plötzlich hatte er ein Gefühl, als habe man ihm die Hände festgebunden, sein Blick trübte sich, und er sah nichts mehr.

»Anastasia, wo bist du?« stammelte er. »Streck deine Wunderhände aus und berühre meine Augen! Ich bin blind!«

»Papa«, fragte seine Tochter, »erkennst du nun, daß das Kind, das mir die Hände geschenkt hat, wirklich der Heiland ist? Sag, daß du es glaubst, und ich werde dich berühren.«

»Ich glaube es, ich glaube es . . .«, stöhnte der Greis.

Da legte Anastasia ihm die Hände auf die Augen, und er konnte wieder sehen. Sein nächster Wunsch war, mit ihr zur Krippe zu gehen, um den Heiland zu betrachten.

Der Wacholderbaum
Legende aus der Toskana

In der Garfagnana nimmt man bis heute nur Wacholderbäume als Christbaum; keine Tannen oder Pinien, immer nur Wacholder. Und dafür gibt es einen triftigen Grund.

Als die Madonna und der heilige Joseph nach Ägypten fliehen mußten, um dem Zorn Herodes' zu entgehen – Herodes wollte Jesus umbringen und veranstaltete deshalb ein furchtbares Gemetzel an unschuldigen Säuglingen –, war der Wacholder die einzige Pflanze, die sich besser verhielt als die anderen und der heiligen Familie zur Flucht verhalf.

Es war Nacht. Maria und Joseph flohen, die Madonna trug ihr Kind im Arm; schon bald begann es zu regnen, später zu schneien. Die drei waren müde und wußten nicht, wohin sie sich wenden sollten; weit und breit gab es keinen Unterschlupf, kein Haus und keine Hütte, nur Büsche und Unterholz.

Die Madonna trat an einen Ginster heran und fragte: »Es schneit, siehst du? Mein Kind friert; kannst du uns ein bißchen vor der Kälte schützen?«

»Nein«, antwortete der Ginster, »ich will nichts von euch wissen. Geht weg, aber schnell! Es gibt so viele Pflanzen in diesem Wald; warum kommt ihr da ausgerechnet zu mir? Geht lieber zum Besenkraut und laßt mich in Ruhe!«

Und er reckte seine Zweige, die soeben noch herunterhingen, steil nach oben, um die unerwünschten Gäste zu vertreiben.

Also mußte die heilige Familie ihre Flucht durch den Schnee fortsetzen. Maria und Joseph konnten schon die Waffen ihrer Verfolger klirren hören, wenngleich sie gottlob noch ein gutes Stück weit entfernt waren.

Die Madonna wandte sich an ein groß gewachsenes Besenkraut: »Dürfen wir uns unter deine üppigen Zweige stellen? Bitte schütze uns vor dem Schnee und vor unseren Verfolgern – die Soldaten des Herodes suchen uns und wollen unser Kind töten!«

»Geht weg!« schimpfte das Besenkraut. »Und zwar sofort! Ich will nichts von euch wissen! Weg, weg! Wenn die Soldaten des Herodes euch unter meinen Zweigen finden, dann zünden sie mich bestimmt an! Los, macht, daß ihr fortkommt!«

Und damit sie auch ja nicht blieben, streckte es seine Arme steil nach oben, so daß sie niemandem mehr Schutz boten.

Die heilige Familie stapfte weiter durch den Schnee. Nun war das Waffengeklirr der Soldaten schon lauter zu hören.

Zitternd vor Angst und vor Kälte, wandte sich die Madonna an einen Wacholderbaum: »Bitte, hab Mitleid mit uns und erlaube uns, uns unter deine Zweige zu stellen; wir frieren, und die Soldaten des Herodes sind hinter uns her – wenn sie uns finden, werden sie unser Kind töten.«

»Kommt nur«, erwiderte der Wacholder freundlich, »und überlaßt alles andere mir.«

Um sie besser zu schützen, beugte er seine Zweige, die

bis dahin in die Höhe gerichtet gewesen waren, und um sie besser verstecken zu können, machte er seine Blätter dicht, spitz und scharfkantig.

Die Soldaten des Herodes kamen und durchkämmten den ganzen Wald. Sie suchten auch zwischen den Zweigen des Wacholderbaums, aber als sie sich die Hände zerkratzten, fuhren sie zurück und hörten schnell wieder auf.

Als es Tag wurde, hatte der Schneefall aufgehört. Die heilige Familie bedankte sich beim Wacholderbaum und setzte ihre Flucht nach Ägypten fort.

Seit jener Zeit gibt es bei uns in der Garfagnana den Brauch, am Heiligen Abend, wenn die Kirchenglocke zehn Uhr läutet, einen Wacholderzweig anzuzünden und seinen Geruch einzuatmen – und als Weihnachtsbaum immer einen Wacholder zu nehmen, keine Pinie oder Tanne, wie das einige andere Dörfer tun, und erst recht keinen Ginster und kein Besenkraut, denn die wollten damals nichts vom Jesuskind wissen und wurden dafür von der Natur mit Häßlichkeit geschlagen.

Warum die heilige Anna keinen Festtag bekam

Sizilianische Legende

Als Maria ihren Sohn Jesus suchte, der von den Judäern gefangengenommen worden war, war ihre Mutter, die heilige Anna, bei ihr.

Maria war müde, traurig und hungrig; sie sah eine Pflanze am Wegesrand, nahm und aß sie, um ihren Hunger zu stillen. Die heilige Anna sah es und tadelte sie mit den Worten: »Du scheinst deinen Sohn ja sehr zu lieben! Anstatt ihn zu suchen, denkst du nur ans Essen!«

Maria aber antwortete:

Wer meinen tiefen Schmerz nicht ehrt,
Ist keines Feiertages wert.

So kommt es, daß die katholische Kirche bis heute keinen Festtag zu Ehren der heiligen Anna kennt.

DRITTES KAPITEL

GUTE UND SCHLECHTE ZEITEN

Turi Vasile
Die Schalmei des Delfo

Als wir Kinder waren und auf einer Insel namens Sizilien lebten, hatten die Weihnachtsfeiertage noch einen Sinn, der inzwischen längst verlorengegangen ist. Jeden Abend schlossen wir uns mit der Mamma im Haus ein, versammelten uns um das kupferne Kohlebecken, das voller Kohle war und nach verbrannten Orangen- oder Mandarinenschalen duftete und rezitierten miteinander die Andacht und die Litaneien. Die Krippenfiguren, die in einigen grob gefertigten Tonfiguren Gestalt angenommen hatten, schienen einander im roten Licht der Wachskerzen zuzublinzeln und zuzulächeln. Für einen Augenblick lenkten sie unseren begeisterten Blick von der Höhle ab, in der das Jesuskind noch auf sich warten ließ.

Wir warteten damals mit ehrlicher, ängstlicher Besorgnis auf seine Ankunft und zählten ungeduldig die Tage bis Weihnachten, so als würde ab dann tatsächlich alles neu beginnen, mit der Einstellung und den neuen Vorsätzen, die die Versprechen, die in der Schule auswendig gelernten Gedichte und die kleinen Briefe an die Eltern, die bis zuletzt geheim gehalten wurden, uns so klar vorgaben.

Heute fragen wir uns, wieviel von diesem Weihnachtsgefühl in uns überlebt hat und wieviel davon unter den kleinen Formalitäten, dem Automatismus der traditionellen Gewohnheiten und der schmelzenden Wehmut der Feiertage, die der hektische Aktivismus des Alltagslebens uns vielleicht eingibt, erstickt ist.

Damals wie heute stiegen die festlich gekleideten Holzhauer und Köhler vom Peloro herab und trugen ihre klagenden Schalmeien unter dem Arm. Sie zogen von Haus zu Haus und spielten für die Familien, die es wollten, zur Krippenandacht. Wir suchten uns dieses Jahr einen von ihnen aus, der Filadelfio hieß, sich aber der

Einfachheit halber kurz »Delfo« nannte. Delfo war gut fünfzig Jahre alt und kam aus der Stadt Lentini; er war klein und gelb, von der Malaria der Sümpfe gezeichnet, und die vielen Demütigungen seiner Umgebung sowie die Einsamkeit des Lebens im Wald hatten ihn mißtrauisch gemacht.

Er kam abends pünktlich auf die Minute zu uns und setzte sich auf den äußersten Stuhlrand, so als wolle er unterstreichen, daß er jederzeit fluchtbereit sei; er blies den Schlauch seiner Sackpfeife auf und entlockte der Schalmei die Töne eines alten Weihnachtsliedes. Bald war das ganze Haus von seiner Musik erfüllt; es war, als kämen hundert unsichtbare Instrumente auf ein geheimes Zeichen hin aus jedem Winkel des Raumes, als riefen, erkennten und antworteten sie einander. Die Krippe schien das vielstimmige Konzert wie eine beharrliche Anrufung aufzunehmen, und unsere Kinderaugen staunten sie strahlend an. Wir verharrten in tiefer Andacht, still und stocksteif wie die Tonfiguren, vom Wunderbaren erfüllt. Selbst Mamma, die immer sagte, unser Haus sei zu klein für so ein Getöse, selbst sie war von dem Zauber der Musik ergriffen und stand bewegungslos da, mit halb offenem Mund, den Blick auf die Krippe geheftet.

Als das Weihnachtslied beendet war, gestattete sich Delfo eine etwas seltsame musikalische Variation. Nach einer kurzen Pause gab seine Schalmei wirre, undeutliche Töne von sich; dann wurde die Melodie deutlicher, und man erkannte Lieder, die gerade in Mode waren – nacheinander ertönten ›Faccetta nera‹, ›Bombolo‹ und ›Stramilano‹; wir verstanden zwar nicht, was diese Melodien mit Weihnachten zu tun hatten, aber die Natur des Instruments, die Klangfarbe der Töne schaffte eine feierliche Stimmung unabhängig von Text und Bedeutung. Gegen Ende ließ Delfo sich zu einem virtuosen Lauf hinreißen – einer Art Galopp, bei dem seine sich blitzartig über den Löchern hebenden und senkenden Finger wie kleine wildgewordene Schlangen hin- und herhüpften. Der Zauber nahm ab; wir drehten uns um und sahen den Spieler an, der unsere Aufmerksamkeit sichtlich genoß und sie nach so langer Zeit des Alleinseins auch zu brauchen schien. Delfo spielte noch einmal, es war eine klagende Melodie, die in der Mitte plötzlich abbrach. Mit aller Kraft seiner beiden Arme drückte er die Schalmei an sich und entlockte ihr ihren letzten Ton, einen langgezogenen, verzweifelten Seufzer, der urplötzlich erstarb. Gleichgültig stand Delfo auf und nahm seine Schalmei an den Pfeifen, so daß der Schlauch schlaff und unnütz herunterbaumelte. Meine Mutter lief eilfertig mit einem großen Glas Rosé-Wein herbei, das der Mann schweigend hinunterstürzte. Ebenfalls schweigend und ohne zu grüßen ging er aus dem Haus, um in einem der Nachbarhäuser weiterzuspielen und erneut ein Glas zu trinken. In der Nacht würde er dann zusammen mit zwei Kollegen in einem Kellerraum schlafen, den ihnen eine Nachbarin vorübergehend vermietet hatte.

Am Heiligen Abend, als Mamma ihn bezahlen wollte, fand Delfo schließlich seine Sprache wieder. Er sagte: »Wenn Sie es erlauben, würde ich gern um Mitternacht, wenn das Kind geboren wird, noch einmal herkommen.«

Mamma sah ihn verdutzt und ein bißchen mißtrauisch an. Sie fragte: »Gehen Sie denn nicht nach Hause zurück wie alle anderen?«

Seine Miene verfinsterte sich.

»Wenn ich doch niemanden habe . . .«, begann er; dann unterbrach er sich und sagte laut: »Ist schon gut. Dann komme ich eben nicht wieder!«

Aber wir anderen wollten, daß er wiederkäme; Mamma las es uns von den Augen ab.

»Nein, nein, kommen Sie ruhig wieder!« seufzte sie und bot ihm statt Geld Wein an.

Der Mann stürzte den starken Rosé ohne ein Zeichen des Genusses hinunter, als handele es sich um eine notwendige, wenig erfreuliche Handlung; dann sah er meine Mutter mit leuchtenden Augen an und sagte mit einer tiefen, sanften Stimme, die wir noch nicht an ihm kannten: »Wissen Sie, ich möchte halt nicht allein sein, wenn das Christkind zur Welt kommt!«

Man sah, daß dieses Geständnis ihn eine ungeheure Mühe gekostet hatte; es enthielt eine versteckte Bitte um Verzeihung, bloß in etwas rauher Form.

Kurz vor Mitternacht kam Delfo wieder; wir spielten noch Tombola, und den Erwachsenen war es nicht ganz geheuer, wie er unsicheren Schritts in den Raum mit der Krippe ging.

»Wer weiß, wieviel Wein er schon getrunken hat!« flüsterte unsere Mutter ängstlich. »Wenn er in jedem Haus, in dem er gespielt hat, ein Gläschen bekommen hat, muß er jetzt ziemlich voll sein.«

In der Tat waren die bleichen Wangen des Musikers mit roten Flecken bedeckt, die auch der von Natur aus lichte, seit einigen Tagen ungepflegte Bart nicht verdekken konnte. Delfo setzte sich wie gewöhnlich auf die vordere Stuhlkante, der Krippe direkt gegenüber; er blies kräftig Luft in den Schlauch seines Instruments und verharrte unbeweglich, den Blick fest auf die Höhle gerichtet, als warte er auf ein Zeichen. Ohne es zu wollen, wurden auch wir still und warteten mit ihm.

Plötzlich, für uns unvorhersehbar, kam ein Signal von draußen. Eine Kirchenglocke läutete zum Gebet, aber uns kam es so vor, als komme das schwache Läuten aus einem unsichtbaren Punkt der Höhle. Eine Welle von Tönen drang ins Zimmer, füllte es mit Feuer und überfiel uns mit einemmal. Mamma näherte sich im Halbschatten der Krippe; sie hielt das Jesuskind in der Hand und legte es aufs Stroh, und es sah aus, als zittere sie ein wenig bei dieser liebevollen Geste. Nun leuchtete auch der Komet über der Krippe, dank einer Heldentat unseres Vaters, der lange auf diesen Moment gewartet hatte; und alles, was dann geschah, war Zauberei. Zum erstenmal, seit wir ihn kannten, spielte Delfo aufrecht stehend; nun kam er uns nicht mehr so klein vor wie vorher, sein riesiger Schatten zeichnete sich auf der Wand ab und bog zur Decke hin ab. Von der Anstrengung des Blasens waren seine vollen Wangen bis zum Zerreißen gespannt; seine Finger liefen behende über das Rohr, hielten hie und da die Löcher zu, streichelten das Instrument und flogen weiter übers Holz. Nie wieder haben wir so kräftige Töne gehört; keine Orgel, nicht einmal die des bei uns so berühmten Doms von Messina, schlug uns so in ihren Bann, wie Delfos Schalmei es an jenem Weihnachtsabend tat. Die hundert unsichtbaren Instrumente hatten sich auf wunderbare Weise vervielfacht und schufen nie gehörte Harmonien; wir glaubten, eine ganze Anzahl Hirten habe sich mit ihren Schalmeien vor der Höhle, in der unsere Krippe stand, versammelt. Alles wurde größer – die kahlen Steine, die wir draußen am Gasbehälter gefunden hatten, wurden richtige Felsen; die Schicht aus extrafeinem Weizenmehl bedeckte nun wie eine dicke weiße Bettdecke die Berge, die im Licht des Kometen leuchteten; das Moos wurde zu einer grenzenlosen, grasbewachsenen Lichtung; die Herden von Schafen und Gänsen, die Scharen von Hirten, Waschfrauen und alten Leuten – all die armen Menschen aus unserer Krippe gerieten in Bewegung und schienen auf die Höhle zuzugehen. Der Ochse muhte und die Pferde wieherten ihm zu, während da hinten – noch weit weg – die Kamele der Heiligen Drei Könige herbeieilten, angespornt durch das Flügelrauschen der Engel.

Dann brach die gewaltige Inspiration dessen, der uns diese wunderbare Weihnachtsszene herbeigezaubert hatte, plötzlich ab; Delfo war niedergeschlagen und sackte stumm in sich zusammen, die Schalmei entglitt seinen Armen und fiel mit einem langgezogenen, häßlichen Ton zu Boden; schließlich verstummte sie ganz. Delfo schwankte, stieß mit dem Bein an den Stuhl und setzte sich instinktiv auf seinen äußersten Rand. Er hielt die

Hände vors Gesicht und schluchzte wie ein Kind. Wir bekamen es mit der Angst zu tun.

»Ich habe euch doch gesagt, daß er betrunken ist!« flüsterte Mamma.

Alle Dinge schrumpften auf ihr natürliches Maß zurück: wir standen in einem einfachen, schmucklosen Raum, vor einer kleinen Krippe, und er war nichts weiter als ein armer Betrunkener.

»Es ist besser, ich gehe«, sagte Delfo und hob sein Instrument auf. »Vielleicht kann Christus doch nicht für mich auf die Welt kommen.«

Wir verstanden nicht, was er damit meinte; aber unser Vater, der sonst immer so skeptisch und bissig war, ging ihm gerührt entgegen und nahm ihn am Arm. Zu unserer Verwunderung lief Delfo nicht weg, sondern ließ sich an den Tisch führen, auf dem noch die Karten vom Tombola-Spiel lagen, und setzte sich, nachdem unser Vater ihn in ungewohnt herzlichem Ton darum gebeten hatte.

»Was wolltet Ihr damit sagen?« fragte unser Vater ihn.

»Das kann nur ich verstehen und kein anderer!« lautete die Antwort.

»Siehst du denn nicht, daß er völlig betrunken ist?« flüsterte Mamma.

»Nur ich und kein anderer!« wiederholte Delfo mit der hohen, weinerlichen Stimme der Betrunkenen.

Unser Vater bot ihm Mandarinen, getrocknete Früchte und Mandelkuchen an, außerdem jenes große Glas Wein und Geld. Delfo beruhigte sich und blickte uns Kinder an, als sähe er uns zum ersten Mal. Ein Blick in unsere weit geöffneten Augen schien seinen Kummer dahinschmelzen zu lassen; er lächelte zum ersten Mal schüchtern. Dann hob er das Glas gegen das Licht, bewunderte die leuchtende Klarheit des Weines und sagte: »Zum Wohl! Und danke für eure Gesellschaft!«

Renato Fucini
Eine schöne Erinnerung

Leider lebt er nicht mehr, mein Freund aus alten Tagen. Wenn man ihn so sah, ruhig und heiter, stets ein Lächeln in seinen schmalen blauen Augen, wenn er unter uns Freunden war, hielt man ihn für einen fröhlichen, harmlosen Menschen; keiner von uns, nicht einmal ich, wußte, was er für ein energischer und ernster Charakter war.

Mit zwölf Jahren verließ er sein Elternhaus, um auswärts die höhere Schule zu besuchen. In einem Alter, in dem der Mensch für gewöhnlich noch ziellos umherflattert und – wie ein eben erst flügge gewordenes Schwalbenjunges – die Mutter braucht, um sich frei in die Lüfte erheben zu können, mußte er sich bereits kopfüber in den Trubel des Lebens stürzen. Aus dem Jungen wurde gleichsam über Nacht ein Mann.

»Heute bin ich froh darum«, sagte er mir oft. »Es war nicht leicht, aber ich hab's geschafft. Und das verdanke ich meinen Eltern – sie haben mich streng, aber liebevoll, ehrlich, aber nicht kleinlich erzogen, so, wie Kinder eben früher erzogen wurden – robust an Seele und Körper, keine Memmen, eitlen Gecken oder Hysteriker.«

Eines Nachts, als ich an seinem Krankenbett saß, erzählte er mir eine kleine Geschichte, ein Beispiel für die Erziehungsmethoden seiner Eltern, das, wie er mir sagte, nach so vielen Jahren noch zu seinen besten Erinnerungen gehörte:

»Mein Vater war Arzt in einem Dorf in den Bergen. Als ich jung war, verdiente er täglich nicht mehr als fünf Paoli – das sind heute knapp drei Lire. Wenn er Atteste ausstellte, Hausbesuche außerhalb des Bezirks machte oder kleinere Operationen vornahm, was nicht jeden Tag vorkam, brachte er es auch mal auf vier Lire am Tag, aber meistens war es eher weniger. Mit dem bißchen Geld mußte er einen angemessenen Haushalt bestreiten – mit einem Diener, einem Pferd und den Studiengebühren für mich ... Ich mache es kurz, denn das Reden strengt mich an, und ich möchte dich nicht langweilen.

Eines Abends – ich war damals siebzehn Jahre alt – fuhr ich nach den Weihnachtsferien mit 80 Lire in der Tasche nach Pisa in die Schule zurück.

Ich freute mich, die alten Kameraden wiederzusehen. Spontan lud ich ein paar von ihnen zum Essen ein; wir zechten und zogen singend durch die Straßen, bis der Morgen graute. Dann ging ich noch in eine von diesen Spielhöllen, verlor mein ganzes Monatsgeld und noch 30 Lire dazu, die ich mir von einem Freund leihen mußte. Das alles war, wie wir heute sagen würden, eine Lappalie, aber für unsere Verhältnisse war es viel Geld, vielleicht sogar zuviel.

Als ich in meinem Zimmer ankam, ließ ich mich aufs Bett fallen, aber ich konnte nicht schlafen. Stöhnend warf ich mich von einer Seite auf die andere.

Irgendwann verfiel ich in einen Dämmerzustand, aber das war noch schlimmer. In meinen Träumen wimmelte es von Brillanten, Mördern, Goldminen, Messerstichen, schrecklichen Monstern, atemlosen Verfolgungsjagden durch die Wüste, von Schreien, Pfiffen und Klagen ... Ich wurde von Alpträumen geschüttelt und wachte schweißüberströmt, mit vor Entsetzen ganz weiten Augen auf.

›Was mache ich bloß?‹ überlegte ich fieberhaft. ›Soll ich einen meiner Kameraden um Geld bitten? Oder einen Verwandten? Meine Mutter? Oder meinen Vater? Ah! Am besten die leidige Angelegenheit möglichst rasch hinter sich bringen!‹ So schlimm würde es schon nicht werden. ›Ich werde mich etwas zerknirscht und reumütig geben‹, dachte ich, ›na gut, es gibt ein paar heftige Worte und vielleicht ein paar Ohrfeigen, vielleicht denken sie auch, ich wäre aus dem Internat abgehauen, aber dann werden sie sich schon wieder beruhigen.‹ Ich sprang aus dem Bett, lieh mir von dem ersten Mitschüler, der zu dieser frühen Morgenstunde schon auf den Beinen war, etwas Geld, setzte mich in einen Waggon dritter Klasse und fuhr zurück nach Hause.

Die Reise tat mir gut. Ich erzählte einem Mitreisenden, einem Verlagsagenten, der nach Signa fuhr und mir stumm, die Pfeife rauchend, gegenübersaß, die ganze Zeit über den Krieg, über Frauen und Politik, war stolz auf meine ersten bescheidenen Erlebnisse in dieser Hinsicht und vergaß meine mißliche Lage.

Aber als unser Kirchturm zwischen den Baumwipfeln durchspitzte, als ich von weitem unser Dach und den rauchenden Kamin sah, verging mir die Prahlerei. Meine Knie zitterten, und das Herz sank mir in die Hose.

Ich klopfte und trat ein. Mein Vater war nicht da, und meine Mutter erschrak heftig. Sie dachte, ich wäre krank, weil ich so blaß aussah. ›Nein, nein, es geht mir gut ... wirklich gut.‹ Da beruhigte sie sich schnell, und während sie das Essen aufsetzte, hörte sie mir, der ich mich am offenen Feuer wärmte, aufmerksam zu.

›Dieser Junge!‹ rief sie und schlug bestürzt die Hände über dem Kopf zusammen. ›Wie willst du das dem armen Mann nur beibringen?‹

Dann, nach einer langen Pause, meinte sie nachdenklich: ›Es geht nicht! Wie soll er dir noch mal soviel geben, wenn es schon kaum für uns zum Leben reicht?! Wo soll er's denn hernehmen? Leihen? Aber er kann's doch unmöglich zurückzahlen ... Ausgerechnet heute, wo einer seiner Patienten im Sterben liegt ...‹

Schweigend sahen wir einander an.

Die Wärme am Herd, meine Müdigkeit und der Wind, der heulend um die Hausecken fegte, schläferten mich schließlich ein. Ich weiß nicht, wie lange ich so dasaß, den Kopf auf der Stuhllehne. Als ich erwachte, fiel mein Blick auf meinen Vater, der auf der anderen Seite des Ofens seine regennassen Hosen trocknete.

Er sah blaß und müde aus. Er hustete, und der Matsch der Straßen war ihm bis ins Gesicht hinauf gespritzt.

Als ich mich streckte, hob er den Kopf.

›Guten Tag, Papa.‹

›Tag, mein Sohn‹, antwortete er. Nichts weiter. Er stand auf, bat meine Mutter, sich mit dem Essen zu beeilen, denn er müsse bald wieder fort, und ging in sein Schlafzimmer.

›Hast du es ihm schon erzählt?‹ fragte ich meine Mutter aufgeregt. Sie nickte.

›Und? Was hat er gesagt?‹

›Er hat gefragt, wie es dir geht, und dann hat er sich hingesetzt und Zeitung gelesen.‹

Am Eßtisch herrschte betretenes Schweigen. Meine Eltern wechselten ein paar belanglose Bemerkungen über familiäre Dinge, und ich wartete vergebens auf das große Gewitter, das mir um so viel lieber gewesen wäre; es hätte mich von meinem inneren Druck, meiner Wut und Scham befreit. Ich hätte alles loswerden und mir leid tun können, hätte mich damit trösten können, daß ich zu hart bestraft wurde und daß es vielleicht doch nicht allein meine Schuld war. Statt dessen wandte sich mein Vater plötzlich im gewohnten, freundlichen Ton an mich, so als wäre nichts geschehen.

›Hast du Beppe gesehen?‹ (Beppe war ein alter Studienfreund von ihm, der in Pisa lebte und den ich immer, wenn ich ihn traf, von Vater grüßen sollte.)

›Nein . . .‹

›Hör zu. Morgen früh fährst du mit dem ersten Zug zurück. Ich werde dich sehr zeitig wecken, denn du mußt zu Fuß zum Bahnhof. Das Pferd brauche ich . . .‹

›Ist gut.‹

Gleich nach dem Essen machte mein Vater sich wieder auf den Weg. Er kehrte erst spät am Abend heim, aß ein paar Happen und ging dann gleich zu Bett, wobei er mir nur kurz gute Nacht wünschte.

Am nächsten Morgen weckte er mich um fünf Uhr.

Draußen war es kalt und dunkel, ein eisiger Wind blies, und es schneite unaufhörlich. Ich trat aus der Kammer. Meine Mutter kam herbei; auch sie war schon aufgestanden, um sich von mir zu verabschieden.

›Hat er dir das Geld dagelassen?‹ fragte ich sie leise.

›Er wartet draußen auf dich.‹

Ich lief hinaus. Im Schein der Laterne, mit der der Diener uns den Weg leuchtete, sah ich, daß mein Vater bereits aufgesessen war. Er saß bewegungslos da; der Schnee fiel schwer auf seinen Mantel.

›Hier, nimm‹, sagte er gepreßt. Jedes seiner Worte drang wie ein Messer in mich ein. ›Jetzt gehört es dir ... Aber bevor du es ausgibst ... sieh mir in die Augen ...‹ – sein Blick war stolz und traurig – ›. . .bevor du es ausgibst, denk daran, wie schwer dein Vater es verdient.‹

Er gab seinem Pferd die Sporen. Es sprang zur Seite und verschwand mit einem Satz im Dunkel.«

Edmondo de Amicis
Gute und schlechte Zeiten

Wenn ich heute an meine ersten Weihnachtsabende zurückdenke, die ich als Kind erlebt habe, kommt es mir vor, als sei das alles lange her – so lang wie die Französische Revolution. Weihnachten – da denke ich immer an die große Büchse voll getrockneter und kandierter Früchte, die Verwandte aus Turin uns jedes Jahr schickten und auf die wir uns immer schon drei Monate vorher freuten. Vieles, was ich damals erlebte, habe ich längst vergessen, aber noch heute sehe ich unsere große Familie um den Tisch versammelt, auf dem die runde, in bunte Abschnitte unterteilte Blechbüchse stand und von allen anwesenden Familienmitgliedern bestaunt wurde. Unter dem Deckel befand sich edles Büttenpapier, und der kostbare Inhalt wurde von goldenen und silbernen Bändern zusammengehalten. Das Öffnen der Bänder war ein feierlicher Akt, und wenn die duftende Mischung dann vor uns lag, befiel mich jenes ehrfürchtige Staunen, das ich als Erwachsener nur noch selten empfand – etwa auf Reisen, wenn ich endlich vor einem großen Kunstwerk stehen und es selbst in Augenschein nehmen durfte. Und mit den Jahren ist diese Büchse für mich nicht kleiner, sondern größer geworden. Sie wurde ein Symbol für eine unbeschwerte Kindheit, für die Harmonie und Geborgenheit jener Jahre, für all die Hoffnungen, die wir damals hegten. Und wann immer jemand von Weihnachten spricht, sehe ich mich – der kleine Junge, der vorsichtig, aber glücklich die Hand in die Büchse des Lebens taucht. Aber das ist lange her – so lang wie die Französische Revolution.

*

Nach ein paar Jahren starben die Verwandten aus Turin, und es gab keine Büchse mehr. Aber dafür hielt das Weihnachtsfest nun andere Freuden bereit: Wir Kinder durften mit dem Kleingeld, das wir geschenkt bekommen hatten, einen Tag lang spielen, durften es zählen, auf dem Fliesenboden rollen lassen und uns ausmalen, welch fürstliche Anschaffungen man damit machen konnte. Oder das noch lebhaftere Vergnügen, abends ins Theater zu gehen, zum Beginn der Opernsaison. Schon das Mittagessen verlief in reinster Vorfreude; sechs Hunde und sechs Katzen waren vorläufig unser Chor, wir sahen um den Tisch herum die Geister von Manrico und Eleonora, Fernando und der Favorita tanzen, mit weit aufgerissenen Mündern, wild gestikulierend. Hektisch schlangen wir unser Dessert hinunter, vermeinten schon, die Musiker ihre Instrumente stimmen zu hören, stürmten schließlich auf dem schnellsten Wege davon, das letzte Stück Konfekt noch im Mund ... Was für ein herrlicher Weihnachtsabend, als Totò Cotogni den ›Hernani‹

sang, ein damals noch unbekanntes, aber vielversprechendes Sängertalent, das ein gütiges Schicksal just an jenem Abend auf unsere Provinzbühne wehte! Wenn ich an ihn denke, sehe ich noch heute hinter der Perücke Karls V. das sympathische Gesicht meines ehrlichen alten Vaters und das meiner guten Mutter, wie sie zu Hause saßen und über meine jugendliche Ungeduld lächelten, und ich höre sie mit einem Blick auf die alte Wanduhr sagen: »Ist schon gut, Junge, geh nur; es ist zwar noch ziemlich früh, aber es ist Weihnachten, tu, was dir Spaß macht!« Ich werde es nie vergessen, mein Weihnachten à la Cotogni.

*

Dann, was für ein trostloses Weihnachtsfest, als ich zum erstenmal vom Internat heimkam! Der Vater seit Monaten todkrank im Bett, die Familie in finanzieller Not, die Brüder weit weg, das große, einst so fröhliche Haus wie ausgestorben! Es war ein trüber, unfreundlicher Wintertag, den Mutter und ich weinend verbrachten. Sie legte ihre Hand in meine und sprach von einer Vergangenheit, die nie wiederkehren würde, von der tristen Gegenwart und einer Zukunft, die nichts Gutes verhieß. Wir aßen schweigend zu zweit an dem großen Tisch, an dem sonst um diese Zeit ein Dutzend lachende, schwatzende, lärmende Menschen zu sitzen pflegten. Nur wir zwei inmitten alter Erinnerungen, wie auf einem Ruinenhaufen. Und dann, am Bett meines Vaters, der mich kaum noch erkannte, der flüchtige Kuß, das eingefallene, vom Tode gezeichnete Gesicht, seine verwirrte Frage, warum ich heute hier sei, und die fremde, mechanische Stimme, mit der er die Antwort wiederholte, die er kaum noch verstand: »Ach ja, Weihnachten ... Weihnachten ...« Dieses geliebte Wort, Zauberwort meiner Kindheit und Inbegriff so vieler schöner Erinnerungen, wie traurig klang es jetzt in meinen Ohren! Wie düster und feierlich hallten meine Schritte in diesen leeren Räumen, in die ich nie mehr zurückkehren sollte, und wie entsetzlich war jene Nacht, die ich mit dem Kopf zwischen den Händen durchwachte, während man von draußen das Toben des Schneesturms und die Stimmen betrunkener Heimkehrer hörte. Was für ein trostloses Weihnachten!

★

Und dann, ein Jahr später, ein lärmendes, fröhliches Weihnachtsfest inmitten von vierhundert Waffenbrüdern, in einem großen Glaskuppelsaal mit unterirdischer Küche, aus der die unzähligen Speisen mittels Seilzug hochbefördert und von einer Heerschar Kellner an die acht riesigen Tafeln, die wie für ein Staatsbankett geschmückt waren, gebracht wurden. Nicht nur die Atmosphäre, auch die Speisenfolge war für Kasernenverhältnisse festlich: Es gab ein undefinierbares Risotto, ein seltsames Fleischgericht und irgendeine dunkle Soße; dabei wäre der ›Luxus‹ gar nicht nötig gewesen, denn die meisten von uns hatten sich schon vorher mit den Plätzchen aus Modena vollgestopft, die es immer an Feiertagen gab. Was für ein fröhliches Durcheinander! Wir Dagebliebenen beneideten nicht einmal die anderen, die in nahegelegenen Städten zu Hause waren und Ausgang bekommen hatten. Wir waren ja auch viele, wir hatten auch Wein in Hülle und Fülle, wir fühlten uns stark, und wir redeten uns ein, mit uns würde die Welt oder doch zumindest Italien in ein neues Zeitalter treten. Der Wein beflügelte unseren kriegerischen Mut, und wir hatten damals eine Menge Illusionen, aber es war auf alle Fälle ein schönes, lebhaftes und lustiges Fest.

★

Ein Jahr später nahm ich mein Weihnachtsessen im Gefängnis ein, in einer Zelle des Zuchthauses unter den Dächern des Herzogspalasts von Rogantino, an einem Tischchen, das gleichzeitig als Tisch und Stuhl diente und mit einem karierten Wachstuch bedeckt war, das man sich um die steifgefrorenen Beine wickelte. Statt Kerzenlicht gab es taghelles elektrisches Licht, das Tote aufwecken konnte, und statt leiser Tafelmusik klatschte der Regen auf die vergitterten Fenster. Aber, wie heißt es so schön: Kein Zustand ist so traurig, daß ihm nicht auch etwas Positives abzugewinnen wäre. So durfte ich mich mit einem mageren Brathähnchen über meine Gefangenschaft hinwegtrösten, nicht nur, daß es gut schmeckte, nein, es war auch ein Geschenk, ein Zeichen der Freundschaft, das mir meine Kameraden von draußen schickten und das ein mitleidiger Wachtposten an mich weitergab. Im Hähnchen versteckt fand ich fünf gute Zigarren, eingewickelt in einen fettigen Zettel, auf dem mit Bleistift kaum leserlich stand:

»Tapfer ist, wer für den Kampf auf der anderen Seite
Alles, auch Armut, in Kauf nimmt.«

Der Schreiber dieser Zeilen hatte mit dieser Aktion seine Freiheit aufs Spiel gesetzt. Es war mein schönstes Weihnachtsgeschenk, und wenn es auch alles in allem ein sehr einsamer, kalter Weihnachtsabend war, so war es doch keineswegs der schlechteste meines Lebens.

*

Dann kam mein erstes Weihnachten als Aufseher im Wachbataillon des Gefängnisses von Messina; ich hatte meine erste Wache, zu der ich traditionsgemäß all meine Kollegen einlud. Wir saßen in einem ärmlich ausgestatteten, nackten Wachraum, aber es roch gut nach Orangen und Mandarinen; vor uns stand ein bescheidenes Schälchen mit Plätzchen, und die Nacht draußen war wunderschön. Auf dem wackeligen Tisch standen zwei brennende Talgkerzen, und aus dem weit geöffneten Fenster konnten wir das herrliche Panorama sehen – den Hafen mit seinen tausend Lichtern, das ruhige Meer, die Berge Kalabriens und darüber den funkelnden Sternenhimmel, es war wie im Sommer. Wir vertrieben uns die Zeit mit Stegreifdichtungen, mit Kanonsingen und ›Schlachtplänen‹ gegen die Österreicher, und am Schluß tanzten wir die Tarantella. Dazu tranken wir guten Malvasier, und seine Wirkung war wohl stärker, als ich dachte, denn als eine Stunde nach der Geburt unseres Herrn der Hauptmann vom Dienst hereinkam und mich vor der versammelten Mannschaft, die rasch Haltung angenommen hatte, nach dem Tagesbefehl fragte, war mir der Wortlaut entfallen! Ich stotterte und kam nicht darauf. Nach ein paar bangen Augenblicken flüsterte ich dem Hauptmann mein Problem ins rechte Ohr; mir blieb nur, auf sein Mitleid und seine Diskretion zu vertrauen. Ich hatte Glück. Der Hauptmann flüsterte zurück: »Heute drücke ich ein Auge zu, weil Weihnachten und Ihre erste Wache ist; aber lassen Sie sich nicht noch mal so erwischen!«

O du schöner weihnachtlicher Sternenhimmel, o du schöne Zeit, in der es noch guten Wein und gute Offiziere gab!

*

Die nächsten Weihnachtsabende waren ruhiger. Ich war allein, Junggeselle, fern von Kameraden und Familie, und fragte mich jedesmal, warum ich nicht doch über die Feiertage zu meiner Familie nach Turin gefahren war. Statt dessen saß ich in einer fremden Stadt in irgendeiner kleinen Trattoria und schlang einsam und lustlos irgendein Menü herunter – nachdem ich stundenlang auf der Suche nach einem Freund oder wenigstens einem entfernten Bekannten, der mir Gesellschaft leisten konnte, herumgeirrt war – wie ein Bettler auf der Suche nach dem rettenden Groschen. Weder die Weinflasche, die mich nur betäubte, noch irgendwelche Tischnachbarn, die ich ansprach, waren ein guter Trost; meist endete der Abend in irgendeinem Theater, vollgestopft mit aufgekratzten Leuten, oder mit einem einsamen Streifzug durch abgelegene Straßen, immer mit dem Gedanken im Kopf, warum bist du nicht heimgegangen, Mutter wartet jetzt sicher sehnsüchtig auf dich, und mit dem heiligen Schwur, nie wieder Weihnachten wie ein verlorener Sohn oder ein davongejagter Hund allein zu verbringen.

★

An einen meiner einsamen Junggesellen-Weihnachtsabende erinnere ich mich noch gut. Seit zwei Monaten hatte ich mich bereits in meinem Zimmer eingeschlossen, wie ein Einsiedler in seiner Höhle. Ich befand mich in einem psychisch übersteigerten Zustand, denn ich strebte nach göttlicher Vollkommenheit und wollte ein Buch über Mystik schreiben, das mir als Idee seit langem im Kopf herumspukte. Meinen ideellen Bestrebungen folgend, nahm ich an jenem Weihnachtsabend nur ein leichtes vegetarisches Essen zu mir, das ich mit ein paar rituellen, priesterähnlichen Handlungen zelebrierte; ich überwand die Versuchung in Gestalt einer Flasche Wein und mehrerer Zigarren, die ich extra in Reichweite plaziert hatte, und kam mir dabei sehr heldenhaft vor. Auch ohne diese Stimulantien verbrachte ich den gesamten Abend in einer Art spiritueller und gefühlsmäßiger Trunkenheit, wobei ich mich abwechselnd philosophischen Meditationen, lyrischen Ergüssen und selbsterfundenen Gebeten hingab und auf eine höhere Erkenntnis hoffte, die der Welt die Augen öffnen sollte ... Rückblickend muß ich sagen, ich schwebte irgendwo zwischen Mist und Mystik, zwischen Ent- und Verrücktheit, worüber ich heute nur noch mitleidig lächeln kann – aber ohne Scham. Schließlich hätte ich in meinem unreifen Alter noch viel verrücktere und wesentlich unheiligere Dinge anstellen können ...

★

Danach erlebte ich einige besinnliche und schöne Weihnachtsabende im Elternhaus, darunter einen besonders glücklichen, den ich nie vergessen werde: Wir feierten Weihnachten und Wiederauferstehung in einem, denn unsere liebe Mutter, um deren Leben wir schon gefürchtet hatten, konnte an jenem 24. Dezember nach langer Krankheit zum erstenmal wieder mit uns zusammen an einem Tisch sitzen. Wie froh waren wir, ihr liebes, abgezehrtes Gesicht zu sehen, das von der Krankheit gezeichnet war, aber langsam wieder Farbe annahm und heute, in der Runde der Kinder und Kindeskinder, besonders glücklich strahlte; wie schön, daß ihr Platz nach langer Zeit wieder besetzt war, all unseren Befürchtungen zum Trotz. Daß auch sie so fühlte, zeigten uns ihre stummen Tränen, in denen sich das Licht der Eßzimmerlampe tausendfach brach. Es schien, als ginge das warme Licht, das sich auf Stirnen, Gläsern und Bestecken spiegelte, nicht von jener Lampe, sondern vom Widerschein ihrer Augen aus. Wir wollten auf ihr Wohl trinken, aber ein Kloß im Hals hinderte uns daran, und so erhoben wir schweigend die Gläser auf ihre Gesundheit. Es war wie vor zwanzig Jahren, Mutter verjüngt und wir wieder kleine Kinder. Das ganze Haus blühte noch einmal auf, und im Untergang des alten Jahres wurde schon das neue sichtbar, in das wir soviel Hoffnung setzten.

*

Den nächsten Heiligabend feierte ich in einem anderen Haus, das schöner und teurer war als das alte. Kleine runde Lippen, die noch nicht sprechen konnten, lächelten mich an; wir waren nur zu dritt, meine Frau, unser Kind und ich, aber mir kam es vor wie eine große festliche Runde. Es schneite heftig, jedoch in unserem kleinen Zimmer war es warm wie im Frühling, und das Lachen und Quietschen von Mutter und Kind erfüllte das Haus, wie das Zwitschern der Singvögel bei Sonnenaufgang den Wald erfüllt. Was für ein schönes, friedliches erstes eigenes Weihnachtsfest! Wie gern denke ich daran zurück … Hier war der Kleine, erwartet zwar, doch wie das Christuskind, das heute nacht Geburtstag hatte und an das ich schon lange nicht mehr

glaubte, ein Erlöser der Welt. Wie sein Vorbild ließ er alles, was er ansah, in neuem Glanz erstrahlen und hauchte den Dingen und Personen seinen Atem ein. Auch als er einschlief, war unser Fest noch nicht zu Ende; meine Frau und ich sprachen über ihn, leise, um ihn nicht zu wecken, und sahen alle paar Sekunden nach ihm, und so, zu zweit um die Wiege gruppiert, hätten wir für die Nachbarn sicher eine idyllische Szene abgegeben, aber die feierten lärmend ihr eigenes Weihnachtsfest. Arme Leute, dachte ich unwillkürlich, die heute ohne ein lebendiges kleines Christkind in ihrer Mitte Weihnachten feiern müssen!

★

So unvergeßlich wie dieser Weihnachtsabend war derjenige, den ich am Bett meiner beiden Kinder verbrachte. Beide hatten seit einer Woche die Röteln, und der heftige Krankheitsverlauf hatte mir große Ängste bereitet, aber jetzt befanden sie sich auf dem Weg der Genesung. Sie durften noch nicht lange aufstehen, also feierten wir in ihrem Zimmer, aber sie waren schon wieder lebhaft und fröhlich. Meine Frau und ich hatten das Schlimmste befürchtet und beschlossen, ihnen notfalls in den Tod zu folgen; daher hatten wir nun das Gefühl, als ob uns allen vieren das Leben neu geschenkt worden wäre. Wir waren wie von Sinnen vor Freude. Die Kinder hatten vorgeschlagen, wir sollten den festlich gedeckten Tisch genau zwischen ihre Betten stellen; sie krochen an den

Bettrand, knieten sich hin, in ihre roten Decken eingewickelt, und aßen so, mit den Knien unterm Tischtuch, lachend und kichernd das einfache Abendessen mit uns. Für sie war es ein Heidenspaß, und sie starrten uns verständnislos an, als uns beiden, während wir mit ihnen herumalberten, trotz des fröhlichen Lachens dicke Tränen der Rührung die Wangen herunterliefen. Sie streckten die Händchen aus, um sie uns abzuwischen, und wir bedeckten sie mit Küssen und warfen sie vor Freude in die Luft. Unser spärliches Abendessen, von dem keine zwei Arbeiter satt geworden wären, kam uns wie ein fürstliches Siegesbankett vor. Wir sahen hinaus zu den hundert beleuchteten Fenstern und dachten, daß es heute wohl in keinem der vielen Häuser ein so schönes, glückliches Weihnachtsfest gab wie bei uns!

★

Dann kamen die besten Jahre meines Lebens, die Jahre, in denen Körper und Geist auf dem Höhepunkt ihrer Leistungsfähigkeit waren, in denen aus den Knaben junge Männer wurden und stilles Glück und fröhliche Betriebsamkeit im Hause herrschten. Die Weihnachtsabende jener Zeit waren wie ein harmonischer Ausklang des Jahres; meist lud ich ein paar nette Freunde ein, und unsere heitere Stimmung wurde durch keinerlei Kummer getrübt. Zu meiner Freude entdeckte ich neben den lieben alten Freunden zwei neue, die nicht weniger interessant waren – meine beiden Söhne, die ihre intellektuellen Vorbehalte abschüttelten, eifrig mitdiskutierten und dabei zum erstenmal Ideen vorbrachten und Kenntnisse enthüllten, die mich erstaunten und mir bewußt machten, wie schnell die Jahre doch vergingen; aber ohne Bedauern, ohne daß ich ihre geistige Entwicklung, die mir soviel Freude bereitete, anhalten oder auch nur ein Jahr davon missen wollte. Es waren herrliche Weihnachtsabende, an denen junge Familien- und alte Freundesbande Triumphe feierten, erfüllt mit frohem Gelächter, guten Gedanken und echter Zuneigung, kurz: die schönsten Abende meines Lebens.

*

Seit jener Zeit habe ich kein Weihnachten mehr erlebt, und es wird auch keines mehr für mich geben. Heute fürchte ich mich vor dem bloßen Gedanken an Weihnachten, und jeder Heilige Abend ist ein besonders schwarzer Tag für mich. Die Kette der alten Erinnerungen, der guten und der schlechten – wobei auch die schlechten ihre guten Seiten hatten –, ist wie mit einem Schlag abgerissen, und die letzten Kettenglieder hängen über einem steilen Abgrund. Der bloße Name des Festes, der das Herz der Glücklichen höher schlagen läßt wie die Morgenglocke, die das Anbrechen eines neuen Tages verkündet, klingt in meinen Ohren wie grausamer Hohn, ein Wort, das ich nicht mehr in den Mund nehme und das zu schreiben meine Feder sich sträubt. Möge die Sonne, die zwanzig Jahre lang ihre Strahlen ausgesandt hat, aufhören zu scheinen, möge der Schnee, der mit seiner weißen Unschuld im Winter die Kinderherzen erfreut, aufhören zu fallen, möge dicker Nebel sich über unsere Städte legen und die Welt kalt und leer sein wie der Tisch, an dem keiner mehr sitzt – ich brauche keinen Trost mehr, auch keinen falschen, es sei denn durch IHN, den ernsten, düsteren Freund, der irgendwann kommt, uns seine kalten Lippen auf die Augen drückt und uns für immer aus diesem Tal der Tränen befreit.

VIERTES KAPITEL

ITALIENER AN DER KRIPPE

Der Milchhändler
Legende aus dem Piemont

Mansueto arbeitete als Milchhändler. Als sie zu ihm in den Laden kamen und ihm sagten, der Heiland sei geboren, nahm er eine Form mit Büffelkäse aus dem Regal und machte sich auf den Weg.

In seiner Eile vergaß er, einen Mantel gegen die Kälte, ein Stück Brot gegen den Hunger und eine Kanne Milch gegen den Durst mitzunehmen.

Im Stall bei Jesus, Joseph und Maria angekommen, kniete er nieder und küßte Josephs Stock, den Zipfel von Marias Gewand und den rechten Fuß des Jesuskinds. Dann holte er sein Messer aus der Tasche und sagte: »Wenn ihr erlaubt, schneide ich euch eine schöne dicke Scheibe Büffelkäse ab.«

Aber seine rechte Hand, die das Messer hielt, zitterte vor Kälte, seine Beine gehorchten ihm vor lauter Hunger nicht mehr, und ein heftiger Durst schnürte ihm die Kehle zu.

Da sagte Joseph: »Der kleine Jesus möchte dich für die Liebe, die du ihm erwiesen hast, belohnen. Wenn du Durst hast, trink aus meiner Weinflasche. Wenn du Hunger hast, iß diese Eier, die wir für unser Kind aufbewahrt haben. Und wenn du frierst, dann hülle dich in diesen persischen Teppich, den zwei Kaufleute aus einer Karawane uns gerade geschenkt haben, und dir wird warm werden. Aber lerne, daß der, der Gutes tun will, sich nicht zu sehr beeilen sollte. Liebe – ich meine die wahre Liebe – kann warten.«

Der Fischer Nereo
Legende aus Ligurien

Der Fischer Nereo segelte mit seinem Boot vor Galilea. Wie jede Nacht besang er seine Geliebte, die unerreichbar ferne und wunderschöne Zanella:

> O Zanella, Zanella,
> mit deinen Augen schwarz wie Kohlen
> Und deiner lieblichen Gestalt
> Hast du mein Herz gestohlen.

In der Nacht, in der Jesus geboren wurde, erschien Zanella ihrem Fischer im Traum. Sie sagte: »O Nereo, ich weiß, du bist draußen auf dem Meer, weit weg, aber auch du solltest dem neugeborenen Jesuskind deine Ehre erweisen und es besuchen. Und wenn du es nicht willst, dann tu's für mich, für deine Zanella. Und denk daran, Seiner Mutter ein paar Fische mitzubringen.«

Um der Wahrheit die Ehre zu geben – Nereo war nicht sehr begeistert von der Idee, das Christkind zu besuchen. Trotzdem holte er das Netz ein, in dem ein halbes Dutzend Seebarben lagen, steuerte ans Ufer und band seine Barke an einem Steg fest. Dann versteckte er so gut es ging seine Segel im Kielraum, nahm das Netz mit den Seebarben auf die Schulter und ging nach Bethlehem.

Dort angekommen, kniete er vor der Krippe nieder und sagte: »Liebe Maria, nehmt diese Fische, kocht sie auf einem nackten Stein und eßt sie. Das ist gut für Eure Milch!«

Maria antwortete: »Vielen Dank, Nereo. Ich werde die Fische für meinen Joseph kochen, denn er hat mehr Hunger als ich.«

Sie legte die Seebarben auf einen weißen, flachen Stein, zündete ein Feuer an und gab Joseph gleich den größten der Fische.

Nun ist die Seebarbe leider ein Fisch, der viele Gräten

hat. Eine der Gräten blieb dem guten alten Joseph im Halse stecken, so daß er keine Luft mehr bekam.

Da kam von irgendwoher, als hätte ihn jemand gerufen, ein Kranich geflogen, ließ sich auf dem alten Mann nieder und zog ihm mit seinem langen Schnabel anmutig die Gräte aus dem Hals.

Die beiden Hirten
Legende aus den Marken

In der Nähe von Bethlehem lebten zwei junge Hirten, Giovan Mattia und Berto. Es war in den frühen Morgenstunden; Berto hielt es nicht mehr auf seinem Lager.

»Welcher Teufel reitet dich, heute schon so früh aufzustehen?« fragte Giovan Mattia mürrisch. »Es ist viel zu früh, um die Rinder auf die Weide zu treiben ...«

»Stimmt – aber wenn du wüßtest, was ich weiß...«

»Hat vielleicht die Kuh unseres Herrn heute nacht gekalbt?«

»Nein. Hör, was man sich in Bethlehem erzählt: Dort, in einem Stall, liegt die Frau eines Zimmermanns und hat heute nacht ein Kind geboren. Stell dir vor, es soll der große Messias sein, der Erlöser der Welt! Jetzt kommen die Leute von nah und fern dorthin, um sich das Kind anzusehen. Was meinst du, sollen wir auch hingehen?«

»Ja. Warum nicht?«

»Aber du willst doch nicht mit leeren Händen ankommen?«

»Nein. Wir nehmen einfach ein Schaf mit.«

Nun war allerdings ausgerechnet in der vergangenen Nacht der Fuchs in den Schafstall eingebrochen und hatte zum großen Bedauern der beiden Hirten die zwei schönsten Schafe mitgenommen – es waren Schwarzchen und Weißchen, die ihre Namen nach dem Fleck auf ihren Schnauzen hatten.

Das dritte Schaf, Rossina, hatte ein etwas rötlicheres Fell als üblich.

»Meinst du, wir können dem Jesuskind Rossina schenken, auch wenn sie nicht makellos weiß ist?« fragte Giovan Mattia.

»Klar«, meinte Berto. »Wir können ja erzählen, wie's war. Es ist doch nicht unsere Schuld, daß der blöde Fuchs Schwarzchen und Weißchen geholt hat!«

Sie holten Rossina, banden ihr einen Strick um und machten sich auf den Weg zur Krippe. Rossina ging voran und zog ungestüm an der Leine. Als sie schließlich vor Maria und dem Kind standen, trauten die beiden Hirten ihren Augen nicht: Neben Maria kauerte der Fuchs, der in ihren Schafstall eingebrochen war, und winselte!

Maria lächelte und sagte zu den beiden Hirten: »Das Christkind hat in euren Herzen gelesen. Der Fuchs hat seine Tat bereut und es um Verzeihung gebeten. Kehrt zu eurem Schafstall zurück; dort warten Schwarzchen und Weißchen auf euch und sechs Jungschafe – denn jedes der beiden Tiere hat inzwischen drei Junge geworfen, alle mit dem schwarzen oder weißen Fleck auf der Nase ...«

Nencietto
Legende aus der Toskana

Nencietto, der Sohn des Bauern Nencio, hatte zu kurze Beine. Sein Vater hatte entschieden, ihn nicht mit den anderen zum Stall nach Bethlehem gehen zu lassen, weil er nicht mit ihnen Schritt halten konnte.

»Warum willst du mich hier allein zurücklassen?« maulte der Junge. »Gut, ich bin klein, aber dafür habe ich viel Ausdauer.«

Der Vater antwortete: »Hör auf zu jammern! Sonst kannst du deinen Dauerlauf machen – aber um den Tisch herum, und ich laufe mit dem Stock hinterher!«

Alle, die auf dem Hof lebten, machten sich nun auf, nur der arme Nencietto saß allein in der großen kalten Küche. Als die Nacht hereinbrach, hielt er es nicht mehr aus und entschloß sich kurzerhand, auf eigene Faust nach Bethlehem zu gehen. Um sich Mut zu machen, nahm er Falconcello, den besten Hund seines Vaters, mit. Falconcello war ein kluger, wachsamer Hund, der beim leisesten Geräusch zu knurren anfing.

›Aber was bringe ich dem Christkind mit?‹ fragte sich Nencietto und sah sich in der Küche um. ›Hier ist absolut nichts Brauchbares.‹

Er dachte nach. Plötzlich fiel ihm ein, daß auf dem Heuboden noch sechs Äpfel lagen. Er stieg hinauf und packte die Äpfel in seine Schürze.

Als er schließlich beim Jesuskind ankam, kniete er nieder und sagte: »Ich heiße Nencietto und kann dir nur diese sechs Äpfel schenken – mehr hab ich nicht.«

Da lächelte das Kind und wandte sich zu Maria um. Die sprach: »Danke, mein Junge. Geh nur ruhig nach Hause zurück und sieh nach deinem Weinberg. Deine Reben sind voll von erntereifen Trauben.«

»Aber wie ist das möglich?« rief Nencietto erstaunt. »Wir haben doch Winter, und die Weinlese ist längst vorbei!«

»Es ist ein Geschenk vom Christkind – zum Dank für deine Äpfel.«

Der Schlosser Teodoro
Legende aus Umbrien

Teodoro war Schlosser von Beruf und sehr alt – so alt, daß er fast keine Kunden mehr hatte und nur noch selten Arbeit bekam.

Eines Tages kamen Leute aus seinem Dorf zu ihm und fragten, ob er nicht mitgehen wolle nach Bethlehem, das neugeborene Christkind anschauen. Aber Teodoro schüttelte traurig den Kopf und sagte: »Was kann ich, der ich seit fünf oder sechs Jahren kein Eisen mehr bearbeitet habe, dem Kind schon mitbringen?«

Da fiel ihm ein, daß er im Laden noch eine Waschschüssel aus Zinn stehen hatte, sein bisher letztes Werkstück.

»Die will ich dem Kind schenken«, sagte er laut zu sich.

Und siehe da: Als sie im Stall zu Bethlehem ankamen, erwies sich die Waschschüssel als sehr nützliches Geschenk. Maria, die das Kind nun zum erstenmal in lauwarmem Wasser baden konnte, war überglücklich. Sie sagte: »Ich weiß gar nicht, wie ich dir danken soll.

Nimm die Schüssel wieder mit nach Hause, aber gib acht, daß du nichts verschüttest, denn das Wasser darin ist Weihwasser. Gieß es erst aus, wenn du in deinem Garten stehst.«

Gesagt, getan: Teodoro ging ganz langsam nach Hause, und als er in seinem Garten ankam, schüttete er die Waschschüssel mit Weihwasser vorsichtig auf den Boden. Da schoß ein Baum aus der Erde, an dessen Ästen und Zweigen lauter nagelneue Schlosserwerkzeuge hingen.

Darüber freute Teodoro sich so, daß er sein Alter nicht mehr spürte und Lust bekam, wieder richtig zu arbeiten. Innerhalb weniger Monate kamen alle seine früheren Kunden zu ihm zurück, und er blieb bis ans Ende seiner Tage ein wohlhabender und allseits beliebter Mann.

Die heilige Madonna des Schnees
Legende aus den Abruzzen

Pünktlich wie jedes Jahr stieg Maria auch diesmal wieder vom Himmel herab und nahm ihren Platz neben dem Jesuskind ein, das in seiner Krippe lag; auf der anderen Seite der Krippe kniete, auf seinen Reisestab gestützt, der heilige Joseph, in das große Schauspiel vertieft.

Die Heiligen Drei Könige kamen aus dem Osten, vom Stern geleitet, mit ihren kostbaren Geschenken, die Hirten kamen aus ihren Behausungen und brachten ihre bescheidenen Gaben dar, die Engel flogen aus ihren himmlischen Sphären herab, sangen »Hosianna!« und wünschten den Menschen auf Erden Frieden. Dann kam der pausbäckige, lockige heilige Johannes, kniete neben dem Kind nieder und erhielt vom ihm das kleine goldene Kreuz, das er fortan immer mit sich trug.

Schließlich kam von überall auf der Erde eine bunte

Schar von Madonnen zusammen. In ihren seidenen Gewändern mit Faltenwurf stiegen sie von den Altären herab; sie kamen aus großen Wallfahrtsstätten und kleinen Kapellen, von Kathedralen, Pfarrhäusern und Heiligenbildern, die überall im Land aufgestellt waren – auf Straßenkreuzungen und Friedhöfen, in Klöstern, Kasernen und Fabriken.

Unter ihnen waren drei Schwestern: die Madonna der Gnade aus Castel del Monte, die Felsenmadonna aus Rocca Calascio und die Madonna aus Roio. Die Felsenmadonna, die hoch oben auf dem Berg wohnte, sah ihre beiden Schwestern, die nicht so weit voneinander entfernt waren, nur an diesem einen Tag im Jahr; alle drei Schwestern ähnelten einander so sehr, daß man meinen konnte, sie seien von demselben Bildhauer gemacht worden.

Da waren sie, die Schutzgöttinnen, die den Unwissenden und den Schäferinnen erschienen waren; da waren die Madonnen der Straße, der Reinheit, der Sieben Schmerzen, der Frömmigkeit, des Heils, der Freiheit, die Madonna der Entscheidung und die Madonna der Hilfe; außerdem die Schutzgöttin der Drei Nelken, des Stieglitzes und des Stuhls, und viele andere, alt und jung, mit Gold und Ornamenten verziert, die sich an diesem einen Tag aus den Bildern der großen Maler gelöst hatten, um der Jungfrau Maria in der Heiligen Nacht ihre Ehre zu erweisen.

Sie alle hatten ein Geschenk für das Jesuskind dabei: Juwelen, die sie von den Gläubigen bekommen hatten, Exvotos und Dankeswidmungen der Menschen, denen sie in ihrer Not geholfen hatten, sowie goldene und silberne Heiligenscheine mit den zwölf Sternen.

Eine dieser Madonnen war mit grober Hand aus wurmstichigem Holz geschnitzt; ihr Kleid und ihr Mantel hatten in den vielen Schneestürmen, denen sie ausgesetzt gewesen war, ihre Farbe verloren. Man sah ihr an, daß sie ziemlich arm war und aus den Bergen kam –

vielleicht aus einer kleinen Kapelle, in der sich die Hirten und die Holzfäller einmal im Jahr trafen, um den Namenstag ihrer Patronin zu feiern, und wahrscheinlich bekam sie von ihnen nur Erdbeeren und Alpenveilchen, Quark und Käse geschenkt ...

Sie stand ganz hinten, abseits von den anderen Madonnen, und hielt eine prall gefüllte, straff gespannte Schürze vor sich zusammen. Was wohl darin war?

Verlegen sah sie, wie sich die reichen Geschenke ihrer Kolleginnen auf dem Boden türmten und ständig neue hinzukamen.

Maria entdeckte sie und fragte mit sanfter Stimme: »Wie heißt du?«

Zaghaft, kaum hörbar antwortete sie: »Man nennt mich die Madonna des Schnees.«

Kaum hatte sie das gesagt, glitten die Zipfel ihrer Schürze aus ihren schmalen Fingern, und Tausende und Abertausende von Schneeflocken wirbelten durch den Raum.

Aber bevor sie auf dem Fußboden landeten, verwandelten sie sich unterwegs in herrliche weiße Blumenkronen, und im ganzen Stall verbreitete sich ihr intensiver Duft.

Die anderen Madonnen drehten sich erstaunt um, und Maria strahlte vor Freude über das Geschenk, das ihr diese einfache Madonna gemacht hatte.

Auch heute noch blühen diese Sträucher, die das ganze Jahr über keine Blüten tragen, am Vorabend von Weihnachten in der kleinen Kapelle aus Stein zu Füßen der Madonna des Schnees.

FÜNFTES KAPITEL

ARM UND REICH

Die Truthenne
Märchen aus Kalabrien

Es waren einmal ein König und eine Königin. Die Königin starb, als sie ein Kind zur Welt brachte. Das Kind, ein Junge, überlebte und wuchs zusammen mit seiner etwas älteren Schwester auf. Der arme König grämte sich; weinend verbrachte er die Tage. Ein Jahr lang ging das so, dann starb auch er, so daß seine beiden Kinder nun Vollwaisen waren.

Vor seinem Tod hatte der König die beiden armen Kinder seinem Bruder anvertraut. Der hatte ihm versprochen, sich wie ein Vater um sie zu kümmern, aber kaum war der König unter der Erde, dachte er nur noch daran, wie er des Königreiches habhaft werden könne. Er gelangte auf den Thron seines Bruders und wurde ein sehr tyrannischer König. So ließ er seine beiden Bruderkinder einsam und von der Außenwelt abgeschnitten im Keller des Schlosses aufwachsen, und als der Knabe zehn Jahre alt wurde, schickte er ihn von früh bis spät aufs Feld hinaus, um seine Arbeiter zu beaufsichtigen.

Auf diese eintönige Weise gingen die Jugendjahre des Jungen dahin, und noch als junger Mann mit siebzehn Jahren wußte er nicht, daß er und seine Schwester eigentlich Königskinder waren. Auch hatte ihnen niemand gesagt, daß der König ihr Onkel war, und so nahmen sie an, er habe sie nur aus Barmherzigkeit in sein Schloß aufgenommen.

Es wurde Weihnachten, und eine gute alte Frau, die in der Nähe des Schlosses lebte und Gänse und Truthennen aufzog, erinnerte sich der beiden Geschwister. Sie sagte sich: ›Morgen abend ist Weihnachten, und die zwei sind so allein! Wenn ihr Vater noch lebte, könnten sie mit ihm an der festlich gedeckten Tafel sitzen und bekämen alles, was man sich nur wünschen kann. Zu schade, daß er nicht mehr König ist, er war so ein guter Mensch! Alle dürfen Weihnachten feiern, selbst ich, die ich zwischen Gänsen und Enten lebe, nur die armen Kinder nicht! Jetzt habe ich eine Idee: Ich nehme einfach eine meiner Truthennen und bringe sie dem Mädchen, damit die beiden auch einen Festtagsbraten haben! Aber wie soll ich es anstellen? Durch den Eingang komme ich nicht, der ist Tag und Nacht bewacht ... Am besten wird sein, ich rufe das Mädchen ans Fenster.‹

Gesagt, getan. Am Morgen des 24. Dezember stand die Alte früh auf, suchte eine besonders gut genährte Truthenne aus und ging mit ihr zum Schloß. Sie wußte, hinter welchem Fenster die Geschwister wohnten, trat heran und rief: »Hallo, Signorina! Hört Ihr mich? Heute ist Weihnachtsabend, und ich möchte Euch diese Truthenne hier schenken. Bratet sie und eßt sie zusammen mit Eurem Bruder auf mein Wohl.«

Das Mädchen trat ans Fenster und sagte: »Danke, danke, liebe Frau. Aber was kann ich Euch dafür geben? Ja, wenn ich Euch auch etwas schenken könnte, aber ich habe leider nichts ...«

Die gute Alte ließ sich von ihrem Vorsatz nicht abbringen. Sie bat so lange, bis das Mädchen die Truthenne dankend annahm und ging davon.

Heute war Feiertag; daher war ihr Bruder nicht auf dem Feld, sondern beim König, um über die geleistete Arbeit Rechenschaft abzulegen. Während sie auf ihn wartete, sperrte das Mädchen die Truthenne in eine dunkle Kammer ein, so daß niemand sie sehen konnte. Die Truthenne, der langweilig war, scharrte mit ihren Krallen den Boden auf und grub auf diese Weise nach und nach ein so großes Loch hinein, daß der Griff einer Falltür zum Vorschein kam.

Gegen Abend kehrte der Bruder heim und brachte etwas zu essen mit. Die Geschwister setzten sich an den Tisch, und während sie aßen, sagte das Mädchen: »Bruder, weißt du was? Heute früh hat mir eine alte Frau eine Truthenne geschenkt, einfach so, aus Gutherzigkeit.«

»Und wo ist sie?« fragte der Bruder.

»Da hinten in der Kammer hab ich sie versteckt. Ich werde sie nachher für uns zubereiten.«

Nachdem der Bruder, der müde war, sich hingelegt hatte, nahm das Mädchen die Kerze und ging zu der Truthenne in die Kammer. Dort sah sie die weggescharrte Erde und den freigelegten Falltürgriff: ›Was mag die Truthenne nur entdeckt haben?‹ Sie öffnete die Falltür und sah eine Treppe. ›Da werd ich jetzt hinuntersteigen‹, sagte sich das Mädchen und fand alsbald eine Rüstung, die einem König gehört haben mußte – mit Panzer, Helm und Schwert, nur die Krone fehlte. ›Wem die Sachen wohl gehören mögen?‹ fragte sie sich. ›Egal, ich nehme sie jedenfalls mit.‹ Sie trug den königlichen Kriegsschmuck in ihr Schlafgemach.

Am anderen Morgen wachte ihr Bruder auf, erblickte die Rüstung und fragte: »Wo hast du die Sachen her?«

»Stell Dir vor!« antwortete seine Schwester. »Diese Truthenne hat ein Loch in den Boden der Kammer gegraben, und da ist der Griff einer Falltür zum Vorschein gekommen. Ich bin die Treppe hinuntergegangen, in einen kleinen, versteckten Raum; dort habe ich die Sachen gefunden.«

»Aber die gehören ja einem König!« rief ihr Bruder erstaunt aus.

»O ja! Sind sie nicht prächtig? Zieh sie doch mal an, Bruderherz, damit ich sehe, ob sie dir stehen. Schnell, zieh sie an!« Sie half ihm, die Rüstung anzulegen und klatschte vor Begeisterung in die Hände. Alles paßte wie angegossen.

In diesem Moment hörte man Trommeln und Trompetenklänge. Es war Weihnachten, und aus diesem Anlaß spielte die Hofkapelle vor den Fenstern des königlichen Schlosses.

Das Mädchen öffnete das Fenster, so daß alle Leute seinen Bruder im königlichen Staat sehen konnten – in Rüstung, Helm und Schwert.

Auf einmal schrie das Volk: »Das ist unser wahrer König! Das ist unser wahrer König!«

Als die Menge immer lauter wurde, schlug die Palastwache Alarm. Das ganze Schloß war auf den Beinen; Soldaten, Höflinge und Bedienstete liefen durcheinander und schrien: »Was ist los? Was gibt's?«

Die Leute draußen fühlten sich dadurch nur ermutigt. Sie riefen: »Nieder mit dem König! Es lebe der neue König!«

Je lauter das Geschrei anschwoll, desto mehr Leute liefen zusammen.

Der König, der heute ungewöhnlich blaß aussah, trat vor sein Volk, um eine Rede zu halten und die erhitzten Gemüter zu beschwichtigen. Aber die Leute, die ihn haßten, weil er sich stets als grausamer Tyrann gezeigt hatte, wollten ihm nicht mehr gehorchen, sondern die einmal begonnene Revolte zu Ende führen. Sie stürmten den Aufgang zum Schloß und traktierten den König mit Fausthieben und Fußtritten, bis er starb. Dann nahm man ihm unter stürmischem Beifall der Menge die Krone ab und setzte sie seinem Neffen auf.

Der junge König regierte weise und gerecht und erfreute sich allgemeiner Beliebtheit. Auch er war glücklich, so glücklich, daß er gelobte, jeden Freitag die Armen seines Reiches einzuladen und ihnen Geschenke zu geben. Aus allen Teilen des Landes strömten sie herbei und nahmen Almosen aus seiner Hand entgegen.

Eines Freitags, als es ihm zuviel wurde und er sich gerade zurückziehen wollte, fiel ihm eine blinde Frau auf, die zusammen mit ihrer etwa zwölfjährigen Tochter in der Menge der Bedürftigen stand. Sie sprach ihn mit einer traurigen Stimme an, die ihm zu Herzen ging: »Majestät, bitte helft einer armen blinden Frau! Der Herr wird es Euch lohnen!«

Der König gab ihr ein Almosen, aber seine Augen ruhten auf ihrer jungen Tochter, die eine richtige Schönheit zu werden versprach. Er sagte: »Gute Frau, kommt von nun an jeden Freitag zu mir, aber haltet Euch etwas abseits von den anderen Armen, damit ich Euch nicht übersehe.«

Die beiden Frauen segneten den König und gingen davon. Der junge König aber wurde traurig, und es schienen ihm hundert Jahre bis zum nächsten Freitag. Er hoffte inständig, die Frau und ihre Tochter wiederzusehen; und tatsächlich, da standen sie, etwas abseits von der Menge, wie er es ihnen gesagt hatte.

Er winkte sie herbei, gab ihnen etwas mehr Geld als gewöhnlich und sagte zu dem Mädchen: »Zieh die alten Lumpen aus und laß dir von dem Geld ein neues Kleid schneidern. Zieh es an, wenn du am nächsten Freitag wiederkommst.«

Eine Woche später stand das Mädchen in einem neuen Baumwollkleid und neuen Schuhen vor ihm. Diesmal gab ihr der König noch mehr Geld, und so ging es jeden Freitag weiter. Von Woche zu Woche war sie besser gekleidet, und eines schönen Tages, als sie in einem schönen Musselinkleid kam, in dem sie wie eine Rose aussah, sah der König sie lächelnd an und meinte: »Nächsten Freitag lasse ich dich als erste vor.«

Der König war verliebt. Zu Hause brütete er melancholisch vor sich hin. Seine Schwester bemerkte das und fragte besorgt: »Was hast du, Bruderherz? Warum bist du so traurig?«

Zuerst sagte er nur: »Es ist nichts . . . ich habe nur ein bißchen Kopfweh . . .«, aber schließlich gestand er ihr den Grund seines Kummers: »Ich habe mich in ein armes Mädchen verliebt und möchte es heiraten.«

Er hatte angenommen, seine Schwester sei gegen eine solche Heirat; aber sie, die ja einmal selbst sehr arm gewesen war und ihren Bruder glücklich sehen wollte, sagte nur, sie wolle das Mädchen einmal sehen.

Am nächsten Freitag kam auch sie mit, um Almosen zu verteilen, und die hübsche junge Bettlerin wurde wieder als erste vorgelassen. Sie war so schön, daß die

Schwester zu ihrem Bruder, dem König, sagte: »Folge deinem Herzen.« Der König beschloß, die junge Bettlerin zu heiraten.

Am Tag seiner Hochzeit versprach er seiner Schwester: »Auch wenn ich heute heirate, werden wir beide uns niemals trennen. Du bist und bleibst meine engste Ratgeberin, und ich werde nichts gegen deinen Willen tun.«

Aber die junge Bettlerin, die durch die Heirat mit dem König so plötzlich zu Reichtum und Ansehen kam, wurde hochmütig. Sie war eifersüchtig auf ihre Schwägerin, die nach wie vor alle Schlüssel und das Sagen im Hause hatte; daher versuchte sie ihren Gemahl allmählich gegen seine Schwester aufzubringen. Sie erreichte, daß ihrer Schwägerin die Schlüssel abgenommen wurden, und setzte eine Verleumdung nach der anderen gegen sie in Umlauf; die Arme wehrte sich nicht dagegen und blieb so gütig, wie sie es immer gewesen war. Das wiederum ärgerte die junge Frau, und sie stichelte so lange, bis der König sie endlich fragte: »Also gut, Frau. Was soll ich tun?«

Sie antwortete: »Sag deinen Leuten, sie sollen sie noch heute nacht in den Wald schleppen und dort umbringen. Und damit du sicher sein kannst, daß sie auch wirklich tot ist, sollen sie ihr das Herz herausschneiden und die Hände abhacken und dir beides zusammen mit ihrem blutbefleckten Hemd bringen.«

Der Gatte wußte nicht, wie er ihren Wunsch abschlagen sollte. Um Mitternacht wurde die arme Schwester des Königs von zwei Wachtposten geweckt. Sie starrte in zwei aufgepflanzte Bajonette und rief: »Was wollt ihr von mir?«

Die Schergen antworteten: »Wir haben Befehl von Eurem Bruder, dem König, Euch mitzunehmen. Kommt und leistet keinen Widerstand!«

Sie schleppten sie zu einer Kutsche und fuhren mit ihr aus der Stadt, in einen nahe gelegenen Wald. Dort sagte der eine Scherge zum anderen: »Und jetzt sollen wir die arme junge Frau umbringen, bloß, weil unser Herr es will. Dabei ist sie immer gut zu uns gewesen.«

Sein Kollege nickte und erwiderte: »Du hast recht. Also, ich bring sie nicht um – tu du's.«

»Ich will auch nicht, aber was sollen wir machen? Wir sollen dem König doch ihr Herz, ihre Hände und ihr blutiges Hemd bringen. Nun, wir müssen sie wohl töten ...«

In diesem Moment hörten sie ein Lamm jämmerlich meckern. Es hatte seine Mutter verloren und sich im Wald verirrt. Die beiden Männer fingen es ein, töteten es und baten die Frau: »Zieht Euer Hemd aus und gebt es uns, damit wir das blutige Herz des Lamms hineinlegen können. Dann könnt Ihr am Leben bleiben. Aber Eure Hände – die müssen wir Euch leider abhacken ... das ist Befehl. Bitte verzeiht uns.«

Sie führten die Tat aus. Dann wickelten sie das Herz des Lamms zusammen mit den blutigen Händen der Frau in ihr Hemd und fuhren zurück ins Schloß.

Während die Zurückgelassene, aus beiden Armstümpfen blutend, hilflos im Wald umherirrte, blickte ihr Bruder entsetzt auf die blutigen Beweisstücke, die ihm seine Schergen übergaben. Er weinte bitterlich und klagte: »Meine arme Schwester, du warst damals so froh über meine Hochzeit, und jetzt hat meine Frau dich töten lassen!« Und er bereute alles, was er getan hatte, rief immer wieder nach seiner Schwester und verzweifelte an sich selbst.

Währenddessen stand diese immer noch blutüberströmt im Wald. Da fuhr zufällig ein englischer Lord mit seiner Kutsche des Weges daher. Er hörte ihre Klagen und fragte die Frau, wer ihr die Wunden beigebracht habe. Sie antwortete, wilde Tiere hätten ihr die Hände abgebissen, und der Lord bot ihr an, sie mit ein paar alten Tüchern, die sich in seiner Kutsche befanden, zu verbinden, um das Blut, das immer noch in Strömen floß, zu stillen. Dann bat er sie, in seine Kutsche zu steigen, und nahm sie mit nach Hause.

Er hatte eine Frau, aber keine Kinder, und es fällt nicht schwer, sich vorzustellen, wie freudig die junge Frau von ihm und seiner Gemahlin aufgenommen wurde. Sie lebte dort glücklich und zufrieden, und der Lord ließ ihr sogar Hände aus Wachs machen.

Trotz aller Sorgen und Entbehrungen war die Schwester des Königs, die gerade erst zwanzig Lenze zählte, jung und schön wie eine Rose. Eines Tages stand sie auf dem Balkon ihres Zimmers und sah, wie ein Mann auf der Straße haltmachte und zu ihr heraufblickte. Es war ein fremder König. Er kam wieder, und schon bald hielt er bei dem Lord um ihre Hand an. Der Lord willigte ein, aber zuvor gestand er dem Bewerber, daß seine Braut zwei Hände aus Wachs habe; aber den störte das nicht. Er nahm sie mit auf sein Schloß und heiratete sie.

Die frischgebackene Königin war erst ein paar Monate verheiratet und erwartete gerade ihr erstes Kind, als ihr Gemahl gegen ein feindliches Heer in den Krieg ziehen mußte. In seiner Abwesenheit brachte sie zwei gesunde Kinder zur Welt, einen Knaben und ein Mädchen. Die Minister jedoch, denen der König während seiner Abwesenheit die Sorge um das Land anvertraut hatte, wollten sich nicht der jungen Frau, deren Herkunft sie nicht einmal kannten, unterordnen und dachten darüber nach, wie sie die Umstände nützen und die junge Königin loswerden könnten.

Sie schrieben dem König, seine Frau habe anstatt eines Kindes zwei junge Hunde zur Welt gebracht, und man warte auf weitere Anordnungen, was man mit ihr tun solle. Der König war entsetzt und antwortete, man solle seine Rückkehr abwarten, er wolle selbst sehen, was zu tun sei. Die Minister jedoch wollten sich der Frau um jeden Preis entledigen; sie weckten sie also eines Nachts auf, hängten ihr einen Tragekorb um und setzten auf jeder Seite einen der beiden Säuglinge hinein. Dann setzten sie die Königin auf einem einsamen Strand aus.

Die Arme schrie und weinte. Was sollte sie tun, hungrig und durstig, wie sie war, mit ihren beiden Armstümpfen? Wie sollte sie ihre Kleinen ernähren? Sie fand eine Quelle und beugte sich herab, um zu trinken. Und während sie sich vorneigte, rutschte eines der Kinder aus dem Korb und fiel in den Bach. Man kann sich denken, wie verzweifelt sie war – ohne Hände konnte sie das Kind ja nicht mehr retten.

Da trat ein schöner alter Mann vor sie hin und sagte:

»Halt den Arm ins Wasser rein,
Hand und Kind sind wieder dein.«

Die verzweifelte Königin tat, wie ihr geheißen – und siehe da, ihre Hand wuchs wieder. Sie griff nach dem Säugling und rettete ihn vor dem Ertrinken. Aber wie sie sich nach ihm bückte, rutschte das andere Kind aus ihrer Tasche und versank in den Fluten. Da sprach der Mann abermals:

»Halt den Arm ins Wasser rein,
Hand und Kind sind wieder dein.«

Und siehe da, auch ihre andere Hand wuchs wieder, sie konnte auch ihr zweites Kindlein retten und stillte alle beide. Dann führte der alte Mann sie auf einen Berg, auf dessen Gipfel ein schönes kleines Haus stand. Er bat sie einzutreten und sagte: »Solange du hier bleibst, wird dir nichts geschehen. Ich bin immer bei dir.«

Lassen wir sie dort und kehren wir zurück zu ihrem Mann, dem König. Als der von seinem Feldzug heimkehrte und man ihm sagte, seine Frau sei mit den beiden Hündchen, die sie geboren habe, eines Nachts davongelaufen und auf Nimmerwiedersehen verschwunden, wie groß war da seine Trauer! Aber er ergab sich nicht in sein Schicksal, sondern zog aus und suchte seine Frau landauf, landab.

Zur gleichen Zeit saß der Bruder, der junge König, in seinem Schloß und starrte trübselig vor sich hin. Aus Kummer darüber, daß er seine liebe Schwester in den Tod geschickt hatte, ließ er sich einen langen Bart wachsen, der bis zu den Knien reichte, und seine junge Frau, die ihn zu der greulichen Tat verleitet hatte, ließ er in einen Kerker werfen.

Seit dem Verschwinden seiner Schwester hatte er sein Schloß nicht mehr verlassen, aber seine Minister redeten ihm so lange gut zu, bis er eines Tages mit ihnen zur Jagd aufbrach, um sich ein wenig Bewegung zu machen. In düstere Gedanken versunken, trennte er sich, ohne es zu bemerken, von der Gruppe und kam vom Wege ab. Auf einmal fing es an zu regnen. Der König sah eine Eiche mit großer, dichter Krone und stellte sich darunter.

Der Zufall wollte es, daß auch der andere König – jener, der verzweifelt seine Frau suchte – gerade durch diesen Wald zog und, als es zu regnen begann, unter demselben Baum Unterschlupf suchte. Unter diesen seltsamen Umständen trafen sich die beiden Männer zum ersten Mal – obwohl sie beide Könige waren, kannten sie einander nicht.

Es regnete unaufhörlich, aber in der Ferne war ein Licht zu sehen, das wohl aus dem Fenster eines Hauses kommen mußte. Die beiden Könige liefen darauf zu; es war genau das Haus, in dem der alte Mann mit derjenigen lebte, die ihre Schwester beziehungsweise Ehefrau war.

Sie klopften an die Tür. Der Alte ließ sie bereitwillig ein. Die junge Frau erkannte sie beide sofort, aber sie erkannten sie nicht.

»Hier«, sagte der alte Mann, »sind zwei Herren, die vor dem Unwetter Schutz suchen und um unsere Gastfreundschaft bitten.«

»Seid willkommen, meine Herren«, erwiderte sie und fügte hinzu: »Es gibt auch etwas Warmes zu essen. Ich habe sowieso gerade für meine zwei Kinder gekocht.«

»Ja, essen wir miteinander«, sagte der alte Mann.

Sie hatten ihre Mahlzeit schon fast beendet, als er sich an die Kinder wandte: »So, liebe Kinder, jetzt seid ihr an der Reihe. Erzählt uns doch eine schöne Geschichte.«

Und das Mädchen, das das lebhaftere von beiden Kindern war, erzählte die Geschichte seiner Mutter – wie sie von zwei Schergen in den Wald entführt, verstümmelt und allein gelassen wurde, wie sie zu dem Lord nach England kam und dort ihren Gemahl kennenlernte. Als ihr Bruder das hörte, dachte er: ›Aber... aber... das muß doch meine Schwester gewesen sein!‹

Nach dem Mädchen erzählte der Knabe weiter: wie sie den König heiratete, von den Ministern im Wald ausgesetzt wurde, und schließlich, wie sie im Wald den alten Mann traf, ihre Hände wiederbekam und in diesem Haus, in dem sie jetzt saßen, Zuflucht fand. Der zweite König hörte das und dachte staunend bei sich: ›Das ist doch nicht möglich! Demnach wäre diese Frau ja meine Gemahlin, und die beiden Kinder hier unsere... Aber wie kommt es dann, daß man mir geschrieben hat, sie hätte zwei Hündchen zur Welt gebracht?‹

Als der Knabe seine Geschichte beendet hatte, stand der alte Mann auf und sah die beiden Könige feierlich an.

»Meine Herren«, sagte er, »das ist Eure Geschichte.«

Beide erhoben sich und küßten die junge Frau; der eine fiel auf die Knie und bat sie um Verzeihung, der andere hatte Tränen in den Augen und drückte stumm seine Kinder an sich.

Der alte Mann, der in Wirklichkeit niemand anderer als der Heilige Joseph war, betrachtete die Szene zufrieden, und vor lauter Freude über die gelungene Zusammenführung trieb sein langer Stock hunderte kleiner Blüten. Er sagte: »Mein Werk ist nun vollendet. Ich segne Euch alle.«

Dann verschwand er so plötzlich, wie er einst gekommen war.

Erzählt von Annunziata Palermo aus Reggio Calabria.

Der Müller aus Eglio
Märchen aus der Toskana

In der Landschaft Eglio befindet sich ein Graben, genannt Canale della Fontana Grande. Hier, entlang des Flusses, lagen einst mehrere Wassermühlen; auch jetzt noch kann man ihre Ruinen sehen.

Heute liegen die Mühlen mitten in der Landschaft und mahlen mit elektrischem Strom; aber früher mußte jeder, der etwas zu mahlen hatte, zum Canale della Fontana Grande gehen. Die Menschen waren damals arm und ernährten sich hauptsächlich von Kastanien. Ihr Brot machten sie aus Roggenmehl und Spelzen; Weizen wuchs dort oben nicht, denn die Gegend ist bergig und das Gebirgsklima war früher viel rauher als heute.

In den Wintermonaten mußten die Mühlen hart arbeiten, denn im Oktober und November wurden die Kastanien geerntet, dann getrocknet und Mitte Dezember zur Mühle transportiert, um Mehl daraus zu machen.

Es war der 24. Dezember, der Vorabend des Weihnachtstages. Alle Mühlen arbeiteten unter voller Auslastung, aber anders als an anderen Abenden stellten die Müller heute bei Anbruch der Dunkelheit ihre Mühlen ab, gingen sich umziehen und verbrachten den Abend bei ihrer Familie oder mit Freunden, bevor sie um Mitternacht in die Christmette gingen.

Ein Müller jedoch – er hieß Lorenzo – wollte auch an diesem heiligen Abend keine Pause einlegen. Es war ein gutes Erntejahr, er hatte viele Säcke Kastanien zu mahlen, und deshalb beschloß Lorenzo – Weihnachten hin oder her –, die ganze Nacht hindurch zu arbeiten.

Am Vorabend des Weihnachtstages läutet um Punkt zehn Uhr nachts die Kirchenglocke. In jedem Haus wird ein Wacholderzweig angezündet, und es werden Gebete gesprochen.

Lorenzo saß in seiner Mühle und hörte das Zehn-Uhr-

Läuten, aber er zuckte nur leicht mit den Schultern und arbeitete weiter. Beim letzten Ton der Kirchturmglocke von Eglio blieb der Mühlstein plötzlich stehen. Lorenzo ging hinaus, um nachzusehen, was los sei; draußen stand ein großer schwarzer Ziegenbock und sprach:

Hör auf, Lorenzo, hör auf –
Wer am Heiligen Abend schafft,
Wird bald dahingerafft.

Der Bock verschwand wieder, und gleich danach fing auch der Mühlstein wieder zu mahlen an, als sei nichts gewesen. Lorenzo dachte, er hätte sich das alles nur eingebildet und arbeitete weiter.

Als es zur Mitternachtsmesse läutete, arbeitete er immer noch. Aber kaum war der letzte Glockenton verklungen, hörte man ein furchtbares Donnergrollen wie von einem nahen Erdbeben. Ein enormer Felsblock löste sich aus einer Wand und begrub Lorenzos Mühle unter sich. Lorenzo selbst konnte sich gerade noch retten, aber seine Mühle war für immer zerstört.

Lorenzo lief so schnell er konnte nach Hause. Dort angekommen, hatte er nicht mehr die Kraft, zu erzählen, was er gesehen hatte und was ihm passiert war – ein heftiges Fieber streckte ihn für Wochen zu Boden.

Am nächsten Morgen, als die anderen Müller in ihren Mühlen nach dem Rechten sahen, erblickten sie den großen Felsbrocken, der Lorenzos Mühle unter sich begraben hatte.

Sobald er wieder geheilt war und sich von seinem Schrecken erholt hatte, erzählte Lorenzo allen von seinem Erlebnis; von Stund an war er immer ein braver Christ und versäumte es nie mehr, zur Weihnachtsmesse zu gehen.

Der große Felsbrocken aber, der seine Mühle zermalmt hatte, ist noch heute im Tal von Fontana Grande zu besichtigen.

SECHSTES KAPITEL

TORRONI & CO.

Am Hofe von Ludovico dem Mohren, dem Herrscher von Mailand. Es ist ein Festtag, und gleich sollen zahlreiche Eingeladene ankommen. In den Sälen, die mit Wandbehängen, Teppichen, Möbeln und kostbaren Bildern wunderbar geschmückt sind, steht alles bereit, die Gäste zu empfangen.

In den Küchen herrscht ein Hin und Her von Köchen, Küchenjungen, Dienern, Pagen . . .

Das Essen beginnt. Auf die prächtig gedeckten Tische kommen die ersten Gänge: gebratenes Fleisch, Wild, Hühner, Pasteten mit Gewürzen, das Ganze umrahmt von Gesang, Gelächter, Musik, Rufen und Darbietungen von Jongleuren.

In den Küchen erlebt inzwischen der Oberste Koch eine wahre Tragödie: die unendlich sorgfältig vorbereitete Nachspeise ist mißlungen und ist auf einem großen Silbertablett zusammengefallen, zum allgemeinen Entsetzen.

Niemand weiß, wie man dieses Mißgeschick wiedergutmachen kann. Nur ein Küchenjunge verliert den Mut nicht: Er krempelt die Ärmel hoch und knetet ganz schnell in einem großen Gefäß ein Brot aus Mehl, Hefe, Butter, Eiern, Zucker, Succade und Gewürzen. Als er schon das Brot in den Ofen schieben will, entdeckt er ein Gefäß mit Rosinen und tut sie auch noch in den Teig. Während in den Sälen die letzten Gänge aufgetragen werden, geht das Brot im Ofen auf, bekommt eine schöne goldene Farbe und verbreitet einen köstlichen Duft.

Der Augenblick für die Nachspeise kommt heran. Der Küchenjunge, hinter einem Vorhang versteckt, beobachtet mit ängstlicher Unruhe die Tischgäste; er macht sich Sorgen, wie sein Brot aufgenommen wird. Hinter ihm steht der noch sorgenvollere Oberkoch: Wenn der Kuchen keinen Anklang findet, werden die Folgen fürchterlich sein! Aber der Erfolg ist verblüffend und einhellig: Lärmend rufen die Gäste dem Hausherren zu, daß sie den Erfinder dieses ausgezeichneten, nie zuvor gekosteten großen Brotes kennenlernen möchten.

Der verschüchterte und verlegene Küchenjunge wird in den Saal geschoben, wo er mit Beifall und lauter Zustimmung empfangen wird.

»Wie heißt du?« fragt ihn Ludovico der Mohr.

»Ich heiße Toni«, antwortet errötend der Junge.

Im allgemeinen Durcheinander hört man deutlich eine Stimme:

»Wir werden diesen Kuchen ›Pan di Toni‹ nennen!«

Und unter diesem Namen – Panettone – hat der Kuchen seinen Weg um die Welt gemacht; alle Jahre wieder, und zwar vor allem zu Weihnachten, erfreut er uns bei Tisch.

Giuseppe Gironda
Die Nacht der Torroni

Jedes Jahr in der ersten Dezemberwoche wacht Don Benedetto, ein leidenschaftlicher Feinschmecker und stadtbekannter Vielfraß, plötzlich eines Nachts mit einem unstillbaren Appetit auf Torrone, das berühmte süditalienische Nougatkonfekt, auf. Er dreht sich zu seiner Frau um und fragt: »Enrichetta, sind die Torroni schon da?«

»Was hast du gesagt?« stöhnt sie, noch im Halbschlaf.

»Ich hab dich gefragt, ob die Torroni schon da sind.«

»Nein, wir müssen sie erst bestellen.«

»Worauf warten wir noch?« fragt Don Benedetto.

Seine Frau, inzwischen hellwach, sagt: »Aber Schatz, es sind doch noch mehr als zwanzig Tage bis Weihnachten...«

»Aber du weißt doch, daß ich meine Torroni immer schon vor der neuntägigen Andacht der Unbefleckten Empfängnis essen möchte...!«

Don Benedetto streckt den Arm unter der Bettdecke hervor und greift in Richtung Nachttisch. Dort hat seine Haushälterin gestern abend, wie jeden Abend, ein Gläschen Marsala und ein Tablett hingestellt. Auf dem Tablett sind belegte Brote – eins mit Büffelkäse, eins mit Wurst, eins mit Sardellen – und Plätzchen aus Mürbeteig. Jede Nacht wacht Don Benedetto ein- oder zweimal unweigerlich auf (besonders heftig ist sein Erwachen, wenn er gerade von einer Speise geträumt hat, von der er tagsüber nichts oder zuwenig bekommen hatte), macht das Licht an, setzt sich auf, schlürft seinen Marsala und nimmt etwas vom Tablett, je nachdem, wonach sein Magen gerade verlangt. An diesem Morgen, einem der ersten im Dezember, greift er zum Tablett, das wieder einmal ziemlich leer ist, und tröstet sich mit einem hellen und zerbrechlichen Mürbeteigplätzchen über die traurige Tatsache hinweg, daß es noch keine Torroni gibt.

»Schau, Enrichetta«, jammert er, »statt dieser gewöhnlichen Kekse hätte ich heute morgen schon ein dunkelbraunes ›Torrone torrefatto‹ kosten können ... oder vielleicht eher ein helles ›all'alchermes‹...«

Und während er sein Mürbeteigplätzchen zum Mund führt, beschließt Don Benedetto: »Wir müssen noch heute an Donna Saveria schreiben und bestellen.«

Donna Saveria ist Erbin und Besitzerin der »Altehrwürdigen und Preisgekrönten Torronifabrik Vincenzo Placanica und Sohn«, mit Haus, Geschäft und kleiner Fabrik in der Provinz Reggio Calabria, einem Land, das auf drei Seiten von Gärten mit Zitrusfrüchten umgeben und dessen vierte Seite zum leuchtenden Blau der Meerenge von Messina hin offen ist. Von einem Platz in einem Orte dieser Provinz aus – einem Platz, der vor mehr als hundert Jahren »König-Karls-Platz« hieß, dann nach dem König Vittorio getauft und vor etwa fünfzehn Jahren in »Platz der Rothemden« umbenannt wurde und jetzt – als Kompromiß – »Piazza Garibaldi« heißt –, von diesem historischen Platz aus hatten die Generationen der Familie Placanica vor allem im Dezember ganz Kalabrien mit ihren berühmten Spezialitäten beliefert.

Es waren die Zeiten, in denen die Kalabreser an den Feiertagen und an Weihnachten noch das alte, traditionelle Konfekt auf ihre festlich gedeckten Tische stellten: die kleinen »Ciccitelli«, die duftenden »Varchiglie«, die »Cullurielli« und »Nepitelle« am Weihnachtsabend, die mit Rum und Zimt gemachten »Tardilli« und die braunweiße, mit bunten Aniskörnchen bestäubte »Pignolata«.

All dieses Zuckergebäck wurde früher nicht nur gekauft, sondern in zahlreichen Haushalten auch selbst hergestellt, in den großen, üppig ausgestatteten Küchen, die man damals hatte, und zusammen mit vielen guten Wünschen an Freunde und Verwandte verschenkt. Das einzige Konfekt, das die Leute nicht selbst herstellten, waren die Torroni torrefatti und die Torroni all'alchermes (erstere schwarzbraun wie Mohrenköpfe, letztere weiß mit rosa Sprenkeln). Ihre Herstellung überließ man der Familie Placanica, die dieses Konfekt nach altem, streng geheimem Hausrezept ihres Stammvaters, eines Zuckerbäckers aus der Zeit König Ferdinands IV. und Hoflieferanten des Königshauses von Neapel, fertigten. Der Grund für dieses Monopol: Es gab keine andere Möglichkeit. Wo immer ehrgeizige Hobbyköche und passionierte Hausfrauen versucht hatten, diese beiden Konfektsorten selbst herzustellen, waren sie gescheitert. Nicht nur, daß ihre Erzeugnisse nicht mit denen der Familie Placanica identisch waren, sie erinnerten nicht einmal entfernt an deren feinen, exquisiten Geruch und Geschmack.

Daher hatten die Leute auf weitere Versuche, das Konfekt zu Hause zu machen, verzichtet und sich seit Generationen daran gewöhnt, es entweder bei der Familie Placanica im Laden zu kaufen oder in einem der Geschäfte, die ihre Erzeugnisse anboten, oder es schriftlich zu bestellen. Auf diese Weise waren Überleben und Wohlstand der Firma seit Jahrhunderten gesichert, und es schien, als würde das für immer so bleiben.

Aber eines Tages wurde alles anders: Etwa gegen Ende des Zweiten Weltkriegs sank die Nachfrage nach den Torroni, zuerst kaum merklich, aber dann immer stärker. Seit jener Zeit behauptete Donna Saveria, ihre Familie und ihre Firma (der sie inzwischen vorstand) seien einmal durch den Fortschritt und dann durch die nationale Einigung Italiens kaputtgemacht worden. Das ist (wie wir natürlich alle wissen, nicht wahr?!) eine absurde Behauptung, aber die arme Frau, die sich nicht mit der plötzlichen Veränderung ihres Schicksals abfinden konnte, blieb dabei. Sie sagt das, glaube ich, noch heute – und mit besonderem Ingrimm im Dezember, wenn Kalabrien und das ganze übrige Italien von der Zeitungs-, Rundfunk-, Fernseh- und Plakatwerbung der großen Süßwarenproduzenten des Nordens überschwemmt wird.

Wegen dieser massiven Werbung findet man seit dem

Zweiten Weltkrieg in Italien immer weniger Weihnachtstische mit den traditionellen Süßwaren, den »Ciccitelli«, »Varchiglie«, »Nepitelle«, »Tardilli« und Torroni. Nicht umsonst heißt es, die Agrarreform, das Sondergesetz und die Kasse zur Förderung des italienischen Südens – diese Heiligen Drei Könige des 20. Jahrhunderts – hätten der Region Fortschritt, Wohlstand und den Anschluß an die moderne Zivilisation und den modernen Zeitgeist gebracht. So wollen die Bewohner Kalabriens heute auch im kulinarischen Bereich *up to date* sein. Und wenn sie schon auf moderne Tiefkühlkost umgestiegen sind, warum sollen sie dann an den alten, verstaubten Süßigkeiten festhalten, bloß weil ihre Großväter sie gern aßen?

An diesem Dezembertag – der Dezember war einst für die »Altehrwürdige und Preisgekrönte Torronifabrik« der hektischste und einträglichste Monat – steht Donna Saveria unbeschäftigt, die Hände in den Rocktaschen, hinter dem Ladentisch. Um die wenigen Bestellungen, die noch kommen – unter ihnen die Don Benedettos –, zu bearbeiten, brauchte sie nur ein bis zwei Tage. Zwischen ihr und der Straße steht die große Vitrine; sie glänzt in den Farben Rot, Gold, Silber und Blau, den Farben des Glanzpapiers, in das die ausgestellten Torroni eingeschlagen sind. Aber es scheint Donna Saveria, der Glanz dieser Farben wäre verblaßt, nur ein schwacher Abglanz dessen, was die Vitrine, der Laden und die kleine Fabrik hinter dem Laden in besseren Jahren einmal darstellten.

»Wie gehen die Geschäfte, Donna Saveria?« fragt einer der wenigen Stammkunden, die hin und wieder doch etwas kaufen.

»Wie sollen sie schon gehen?« meint Donna Saveria und packt die von ihm gekauften Torroni ein. »Sie sehen doch – schlecht gehen sie!« Und dann, während sie ihm das Paket übergibt, starrt sie durch die Tür auf die Straße, wo ausgerechnet in diesem Augenblick jemand mit den blauen Schachteln einer großen norditalienischen

Süßwarenfirma über den Platz geht, deren Produkte in der nahegelegenen Bar verkauft werden. Sie stöhnt: »Hundert Jahre nach der ersten Invasion kommt die zweite – diesmal sind es nicht die Rothemden, sondern die Panettoni und die Colombe*!«

Als die Torroni von Donna Saveria angekommen sind (eine Kiste voll, wie es auf der beiliegenden Rechnung heißt), fällt unser guter Don Benedetto trotz der langen Wartezeit nicht etwa gleich über sie her. Als raffinierter Feinschmecker, der er ist, läßt er Stunden, oft ganze Tage verstreichen, bis er das erste Stück probiert.

»Und?« fragt seine Frau. »Bist du jetzt zufrieden?«

Er antwortet nicht und tut, als wäre er nicht mehr so sehr an der Lieferung interessiert. Dabei kostet er in seinem Schweigen nur die Vorfreude aus – die Vorfreude auf den Moment, der perfekt sein wird, in dem er das erste Klümpchen Zucker im Mund zergehen lassen und den herrlichen Geschmack kosten wird.

Dieser Moment kommt für gewöhnlich nachts. Don Benedetto wacht auf, knipst die Nachttischlampe an und sieht die herrlichen Torroni neben sich liegen. In ihrem silbernen, roten, goldenen und blauen Glanzpapier leuchten sie in seinen Augen wie kostbare, unwirkliche Edelsteine. Welche Sorte soll er als erste nehmen – einen braunen Torrone torrefatto oder einen weißen Torrone all'alchermes? Er streckt die Hand aus und zögert einen Moment lang unentschieden, dann beschließt er, die Entscheidung dem Zufall zu überlassen und nimmt das erste beste Stück, das er zu fassen bekommt. Er wickelt es vorsichtig aus (wie eine Frau eine Schachtel mit einem Schmuckstück auspacken würde) und führt es zärtlich an die Lippen.

Eine halbe Stunde später ist von den fünf bis sechs Torroni auf seinem Nachttisch keiner mehr übrig, und

* Weihnachtlicher bzw. österlicher Hefekuchen aus Norditalien.

auch das Glas Marsala ist leer. Nun läßt Don Benedetto seine üppige Gestalt wieder unter die Bettdecke gleiten und schläft, von Kopf bis Fuß von der schweren, duftenden Süße des Konfekts erfüllt, glücklich ein – mit einem stillen Dank an Donna Saveria und alle gegenwärtigen und früheren Generationen der Familie Placanica bis zurück zu ihrem Stammvater, dem Zuckerbäcker zur Zeit Ferdinands IV. und Hoflieferanten des Königshauses von Neapel, und an den lieben Herrgott, der es so gefügt hat, daß er – Don Benedetto – einer der wenigen Menschen ist, die noch die Süßigkeiten und die Annehmlichkeiten der guten alten Zeit zu schätzen wissen.

Emilio Cecchi

Feierliche Tischrede am Weihnachtsabend

Obgleich ich nichts Päpstliches oder Bischöfliches an mir habe, kann es sein, daß der geneigte Leser dieser Zeilen erschrickt, wenn ich mir heute abend das Gewand des Festredners überziehe, das Pult besteige und über Weihnachten spreche. Ich hoffe, das ist nicht der Fall. Wie ich schon sagte, bin ich weder ein Papst noch ein Bischof, ja nicht einmal ein Polemiker, der sich in glühenden Tiraden ergeht und sich so weit versteigt, den Frieden von Versailles mit dem weihnachtlichen Frieden auf Erden zu vergleichen. Ich bin auch kein humoristischer Maler wie mein Freund Baldini, der sich beim Thema Weihnachten einfach aus der Schlinge zieht, indem er einen frei erfundenen schwarzen Pagen eines der Heiligen Drei Könige beschreibt, der mit einem Äffchen spielt und achtlos in der Nase bohrt, während die Könige dem Christkind ihre Geschenke überreichen. Ich versichere euch, mein Freund würde aus dieser Szene so ein nettes Bild machen, daß dem Betrachter erst viel später – wenn der

Künstler sich schon aus dem Staub gemacht hat – auffiele, daß das schwarze und das weiße Kind einander sehr ähneln, ja, daß das schwarze Kind wie ein kleiner Jesus aussieht.

Oh, käme ich doch aus den Abruzzen wie Aligi! Dann hätte ich alle Mittel des Lokalkolorits zur Verfügung, und ich könnte euch mit der Sackpfeife oder einem anderen Instrument zu Tränen rühren. Aber die Toskana, aus der ich komme, ist ein farbloses, gottloses und freudloses Land ohne eigenständiges Brauchtum – wir schlagen uns an Weihnachten noch nicht einmal richtig den Bauch voll.

Ich sage nicht das geringste gegen den Sinn für Rituale und das Traditionsbewußtsein, die sich mit Vorliebe an einem Kapaun in Gelatine und einer altehrwürdigen Sammlung staubbedeckter Weinflaschen entzünden. Wer mir glaubhaft versichert, daß er die Tradition hochhält und den alten Gewohnheiten treu bleibt, der mag meinetwegen fressen statt fasten und sein Gelübde durch einen Trinkspruch ersetzen.

Es ist mir gerade recht, wenn ihr bei solchen Gelegenheiten, um den Geist der Tradition wachzuhalten, das Bedürfnis verspürt, euch mit Fleisch vollzustopfen. Im Mittelalter glaubte man erbarmungslos, und man aß auch so – als wäre das Essen gleichzeitig ein Glaubensbekenntnis. Man brach mit der Überzeugung, die Natur sei etwas dem Menschen Fremdes und Feindseliges, und anstatt (wie man es später tat) die Natur mit pantheistischen Gedichten anzulocken, ohne sie im geringsten verändern zu wollen, verleibte man sie sich in großen Mengen und Variationen ein. Auf diese Weise sah man noch in der Verdauung eine religiöse Bedeutung – sie wurde zum Mysterium der Bekehrung und Wandlung.

Um einen Heiden zu bekehren, mußte man seinen Geist oder – wenn das nicht half – seinen Schädel mit Schwert und Knüppel bearbeiten und ihm eine Schüssel

Weihwasser darübergießen – und dann wußte man noch immer nicht genau, ob er ordentlich bekehrt war. Daneben gab es jedoch auch die Möglichkeit, einen Stier, einen Kapaun oder Stör zu bekehren, Tiere, die undurchschaubarer und störrischer waren als ein Sarazene. Der Weg dahin war ungleich direkter und sicherer: Man warf die Tiere in den Kochtopf und aß sie. Das ist der schlichte und heilige Sinn aller Festessen, der weltlichen wie der religiösen, mit ihren Myriaden von Gerichten, Zutaten, Kräutern und Gewürzen: Die Natur in ihren Erscheinungsformen wird aus den Ställen, Käfigen, Flüssen und Seen geholt, dem Menschen einverleibt und erlöst . . .

Und wenn die Theologen der Scholastik ganze Bibliotheken vollschrieben, um den Brauch des Osterlamms zu erklären, und andere, unbefangenere Forscher in den Schäfchen der byzantinischen Mosaiken schon den Lammbraten rochen, ist es doch durchaus möglich, daß eines Tages auch das Geheimnis um den Fisch gelöst wird, der auf den steinzeitlichen Höhlenmalereien abgebildet ist – vielleicht ist es ja nur ein Seebarsch in Mayonnaise-Soße . . .

Leider sind die Zeiten, in denen man Ketzer und Heiden mit Knüppel und Schaufel traktierte, vorbei, aber unsere Tiere werfen wir immer noch in den Kochtopf – wie ehedem. Nur tun wir dies – dem Diktat einer hektischer gewordenen Zeit gehorchend – heute meist unbewußt oder mit schlechtem Gewissen, ohne noch einen Gedanken an das feierliche Zeremoniell des Opferns und der Transzendenz zu verschwenden, das jedem Mahle innewohnt. Wenn wir heute einen Kapaun essen, fühlen wir Reue und Mitleid mit ihm und uns selbst schuldig, als hätten wir die Abläufe der Natur gestört – als sei der Vogel ein Opfer unserer Grausamkeit und Ungerechtigkeit geworden. Dabei handelt es sich doch in Wahrheit um einen Akt der Erlösung eines auserwählten Lebewesens; unser Körper ist kein trostloses

Grab für das Tier, sondern der prächtigste Altar, auf dem es für höhere Zwecke geopfert wird.

Der Mensch von heute ist nicht mehr der Mittler, der ein Stück Natur – zum Beispiel ein Beefsteak – dazu einlädt, durch seinen Verdauungstrakt hindurchzugehen und sich wieder mit seinem Schöpfer zu vereinen. Er ist eher ein zum Tode Verurteilter, der aus purer Feigheit und Gewohnheit weiterißt und seinem Beefsteak heuchlerisch zuraunt: »Mach dir nichts draus, Kleines; morgen bin ich dran!« – Was ich euch damit sagen möchte, ist: Wenn ihr nachher eßt, dann tut mir den Gefallen und eßt mit einer besonderen weihnachtlichen Andacht: mutig und fröhlich und ganz bewußt. Versteht euch im Sinne des Gesagten als Mittler zwischen der Natur und der Schöpfung, nicht etwa als unglückselige Totengräber! Eßt wie die Christen, das heißt maßlos wie die Tiere und in gewaltigen Mengen; eßt mit der Einstellung, die all die Rinder und Wildschweine, Lämmer und Hasen, Truthähne und Singvögel, Fluß- und Meeresfische, ja sogar die armen, mit Zitronenscheiben garnierten Austern stolz und glücklich macht, daß sie für euch sterben durften und in euch wieder zum Leben erweckt werden! Das Gemüse ergrünt in euch mit einem leuchtenden Grün, das es auf der Erde gar nicht gibt, und Datteln und Ananasfrüchte bilden in euch mit ihren Zweigen und Gerüchen eine herrliche symbolische Landschaft, in der alle Tiere ihre Krippe, ja ihr Paradies finden werden.

So wird das Weihnachtsmahl zum Sinnbild, zur eßbaren Krippe. Und der Metzger hat, indem er die Salami schuf, dafür gesorgt, daß auch der Esel an unserer Krippe nicht fehlt.

Aber das ist ein weites Feld. Wer einmal anfängt, sich mit der Symbolik und den mannigfachen Bedeutungen dieser Wiederkehr zu beschäftigen, weiß bald nicht mehr, wie und wo er aufhören soll. Die Schwierigkeit des Themas liegt darin, daß es so unerschöpflich ist wie kaum ein anderes. Schon ist der Moment gekommen, uns zum Essen umzuziehen, und zu meiner Schande muß ich gestehen, daß ich, der ich kein erfahrener Redner bin, im Kampf gegen die Uhr versagt und mein Thema bislang nur gestreift habe.

Daher will ich nur noch das eine sagen: Wenn es unter euch welche gibt, die glauben, eine neue Tradition und ein neues Zeremoniell des Weihnachtsschmauses gefunden zu haben und die alte, bewährte Tradition über Bord werfen zu können – schön für sie. Aber diejenigen, die darüber anders denken, sollten die alte Tradition des Festessens, die ich vorhin umrissen habe, mit mehr Eifer und mehr Überzeugung pflegen, zumindest solange sie sie noch haben, damit Ostern, Epiphanias und Weihnachten uns noch möglichst lang erhalten bleiben und nicht durch irgendeinen modernen Quatsch ersetzt werden. Wer die Tradition pflegt, kann dabei nur gewinnen. Sie ist zu allen Zeiten ein fester, verläßlicher, verbindender Teil des Lebens gewesen. Das war nie so wichtig wie in unserer heutigen hektischen Welt. Dabei ist es mir, wie gesagt, einerlei, ob ihr den asketischen oder den pantagruelischen Weg bevorzugt – Hauptsache, ihr bekennt euch zum Weihnachtsschmaus, denn ihr habt nichts anderes. Und wenn ihr siegt, wird die Tradition euch den Sieg vergolden, und wenn ihr dabei zugrunde geht, wißt ihr wenigstens, wofür ihr gestorben seid.

Nun, eure häufigen Blicke zur Uhr und andere deutliche Zeichen eurer Ungeduld bestätigen mir, daß ihr, meine Freunde, wahrlich nicht auf den Weihnachtsschmaus verzichten wollt. Das tröstet mich und erfüllt mich mit Hoffnung. Laßt euch also durch meine theoretischen Betrachtungen über die Tradition und Bedeutung des Weihnachtsschmauses nicht weiter von dem abhalten, worauf ihr schon die ganze Zeit wartet – die Praxis.

In diesem Sinne ... verschieben wir eine genauere Erörterung des Themas auf nächstes Jahr.

SIEBTES KAPITEL

DIE VENEZIANISCHE ZAUBERIN UND WEITERE GESPENSTER

Die junge Hexe von San Nicolò dei Mendicoli
Venezianischer Sabbat

Es klingt wie ein Märchen, aber es ist wahr: Einst gab es in Venedig viele tausend Hexen. Die bewegten sich im Unterschied zu ihren Artgenossinnen auf dem Festland nicht auf fliegenden Besen fort, sondern sie benutzten die Verkehrsmittel, die am besten zur natürlichen Beschaffenheit der Inselstadt paßten.

In dunklen Nächten trafen sie sich auf Straßen und Plätzen, in den engen, verwinkelten Gassen und abgelegensten Ecken der Stadt. Es wimmelte nur so von den dreisten Damen, die sich im schwachen Licht der Straßenlaternen trafen, um Zaubertränke zu mischen, magische Beschwörungsformeln zu murmeln oder in Gestalt von Mäusen und schwarzen Katzen in die Häuser unschuldiger Christen zu huschen und dort Unheil aller Art anzurichten.

Aber Achtung! Diese Hexen sahen keineswegs alle so aus, wie wir uns Hexen vorstellen, bucklig, zum Fürchten häßlich und abgezehrt; Gespenster waren sie schon, aber von großer Schönheit, geschickte Verführerinnen, und mancher leckte sich alle zehn Finger danach, einen Nachmittag mit ihnen zu verbringen.

Die Hexen von Venedig hatten da nichts dagegen – bei jedem Wetter zur Liebe bereit . . . Und sie ließen sich auch wie jede andere Frau trauen – in der Kirche, mit Brautschleier und Blumen. Kein Wunder, daß so viele Burschen auf die attraktiven Frauenzimmer hereinfielen und oft erst nach Jahren merkten, was sie sich da eingefangen hatten. Die zahmen Kätzchen entpuppten sich erst nach der Hochzeit als das, was sie waren – wahre Hausdrachen, die nach außen hin taten, als würden sie ihrem Mann jeden Wunsch erfüllen, ihn aber in Wirklichkeit willenlos nach ihrer Pfeife tanzen ließen.

Meist erkannte man sie daran, daß sie schielende Kinder zur Welt brachten oder verheirateten Männern den Kopf verdrehten, vergiftete Süßigkeiten verschenkten oder Blumendüfte vertauschten, aber wenn sie wollten, konnten sie sich völlig unauffällig verhalten und ein Leben lang unbehelligt im Verborgenen wirken.

Eines Tages trafen sich ein paar Hexen – sieben an der Zahl – bei den Fondamente Nove. Wie der Wind huschten sie an den Hausmauern entlang, leise, leise! und kamen alle sieben zur gleichen Zeit am Ufer an. Sie liefen zum ersten besten Boot und banden es klammheimlich los; dann murmelten sie ihren feinen Zauberspruch und fuhren durch die Lagune hinaus ins offene Meer – natürlich ohne die Ruder zu benützen, allein durch Zauberkraft. Niemand konnte wissen, wohin sie fuhren, und als sie im Morgengrauen wieder zurückkamen, banden sie die Barke an derselben Stelle wieder an, wo sie sie vorgefunden hatten. Leise, wie sie gekommen waren, stiegen sie aus und verschwanden alle sieben in einer Seitengasse.

Der Vorfall wäre unbemerkt geblieben, hätte nicht der Besitzer des entführten Bootes am nächsten Vormittag bemerkt, daß der Knoten nicht mehr derselbe war, mit dem er tags zuvor seine Barke vertäut hatte. ›Zum Kuckuck‹, so denkt er, ›da hat sich doch tatsächlich einer meinen Kahn geliehen, ohne mich zu fragen. Wer weiß, was die damit für ein krummes Ding gedreht haben. Und ich hab dann womöglich die Polizei am Hals ... Nein danke, lieber gleich auf der Hut als irgendwann der Dumme sein ...‹

Gesagt, getan. Anstatt wie sonst heimzugehen, legt er sich abends nach getaner Arbeit unter Deck auf die Lauer. Es wird neun Uhr, zehn Uhr, schließlich elf. Nichts geschieht. Der Schiffer will gerade nach Hause gehen, doch Punkt Mitternacht spitzt er die Ohren: ein hektisches, leises Getrappel – die Hexen!

Ihre Anführerin, ein häßliches altes Weib, springt als

erste auf die Barke, die anderen folgen ihr und binden das Boot los. Die Oberhexe zählt ab, und als sie sieht, daß alle sieben da sind, krächzt sie:

»Sieben Seelen wollen übers Meer,
Fahr los und bring uns wieder her.«

Es ist jener bewährte Zauberspruch, mit dessen Hilfe man ohne Muskelkraft ans gewünschte Ziel kommt. Aber heute rührt sich das Boot nicht vom Fleck. Die Oberhexe zählt noch einmal durch; kein Zweifel, sie sind sieben. Sie wiederholt den Spruch, aber die Barke bewegt sich nicht. Die Hexen werden unruhig; schon beratschlagen sie, ob sich vielleicht ein blinder Passagier an Bord befindet. ›Au weh!‹ denkt der Schiffer, ›wenn die mich finden, reißen sie mich mit ihren Nägeln in Stücke!‹ Aber dann hat die Anführerin glücklicherweise eine andere Idee: »He, ihr Satansweiber«, meint sie grinsend, »warum habt ihr mir nicht gesagt, daß eine von euch schwanger ist?«

Sie versucht es noch einmal.

»Acht Seelen wollen übers Meer,
Fahr los und bring uns wieder her.«

Kaum ist das erste Wort verklungen, fährt die Barke in flottem Tempo aufs offene Meer hinaus ...

Es dauert nicht lange, da sind sie am Ziel. Lautlos wie vorher steigen die Hexen aus und verschwinden im Dunkel. Ihr blinder Passagier wartet noch ein paar Sekunden, und als er sicher ist, daß sie alle weg sind, steckt er den Kopf unter der Plane hervor wie ein Truthahn und schaut sich um.

»Verdammt, wo haben die mich hingebracht? Und was ist das für eine Küste? Vielleicht der Lido? Keine Ahnung. Die Luft hier ist so merkwürdig heiß und riecht so seltsam ... Vielleicht sind wir hier in Alexandria in Ägypten oder so, am Ende der Welt? Eins ist jedenfalls sicher: Wenn ich jemals wieder mit heiler Haut heimkomme, dann hab ich allerhand zu erzählen!«

Behutsam und äußerst besorgt kriecht er in sein Versteck zurück.

Ein paar Stunden später kommen die Hexen zurück. Sie sind wie verwandelt – sie lachen, scherzen und schnattern wie die Gänse, als seien sie eben von einem Maskenball zurückgekommen. Lediglich die Älteste, die Oberhexe, wirkt müde und erschöpft. Sie gähnt und spricht die Zauberformel:

»Acht Seelen wollen übers Meer,
Bring zurück sie, wie sie kamen her.«

Die Barke jagt über die Wellen, und in der Zeit eines Stoßgebets sind sie wieder am Ufer der Fondamente Nove. Die sieben Frauen steigen aus und – Buona Notte! – verschwinden im Dunkel.

Ihre gelegentlichen Ausflüge wären ohne Folgen geblieben, hätte der Schürzenheld von einem Schiffer sich nicht in jener Nacht ausgerechnet in eine der sieben Hexen verliebt. Nun ja, das junge Fräulein war nicht zu verachten: Sie war von kleiner Statur, aber sehr hübsch, und alles an ihr war da, wo es sein sollte. Ohne nachzudenken war der Mann ihr hinterhergerannt und hat sie nicht mehr aus den Augen gelassen, bis sie bei sich zu Hause in San Nicolò dei Mendicoli angelangt war.

Seit ihm die Hexe den Kopf verdreht hat, überlegt er fieberhaft, was zu tun sei. Er weiß, er hat es mit einer Zauberin, einem Wesen der Unterwelt, zu tun, aber andererseits ist dies genau die Frau, die er sich wünscht. Als Fischer hatte er stets seine Sinne beisammen gehabt, aber jetzt weiß er auf einmal nicht mehr, wie er sich entscheiden soll . . . Er hat gehört, wie übel derlei Verbindungen für einen Mann enden können, aber die Liebe ist die Liebe! Der Zauber der jungen Hexe wirkt bereits.

Was passiert? Eines Tages kann der Dummkopf nicht mehr an sich halten und spricht sein Fräulein an. Und sie? Ist zuckersüß und verdreht ihm den Kopf nur noch mehr, und da sie so raffiniert wie freundlich, so schlau wie liebenswürdig ist, verfällt ihr der arme Kerl für immer. Ehe er sich's versieht, ist's um ihn geschehen.

Um es kurz zu machen: Verlobung, Aufgebot und Hochzeit – das geht Schlag auf Schlag. Danach verleben die beiden Turteltäubchen herrliche Flitterwochen miteinander.

Aber das Glück währt gerade mal drei oder vier Monate. Nach Ablauf dieser Zeit beginnt die frischgebackene Ehefrau sich seltsam zu verhalten. Immer wenn es Freitag wird, ist sie nervös und streitsüchtig.

Der junge Ehemann, der die ganze Woche über hart gearbeitet hat, hält es unter diesen Umständen schon bald nicht mehr zu Hause aus und zieht es vor, die schwierigen Freitagabende wieder zusammen mit seinen früheren Freunden in der Kneipe zu verbringen.

Der gutmütige Trottel erzählt seinen Freunden erst einmal, was für eine liebe, hübsche Frau er daheim hat, und merkt gar nicht, daß jeder sieht, wie er unter dem Pantoffel steht. Seine Freunde, die verhindern wollen, daß er zum Gespött der Leute wird, halten mit ihrer Meinung nicht hinter dem Berg. Sie sagen: »Mensch, kapier doch, deine Frau ist eine Hexe! Weißt du denn nicht, daß Hexen ihre Männer unterdrücken und jeden Mittwoch oder Freitag – je nachdem – ihren Koller kriegen?«

Eines Abends – es ist ein Freitag und noch dazu der 24. Dezember, die perfekte Nacht für Zauberwesen – will seine Frau mal wieder »ein bißchen Luft schnappen gehen«. Der Fischer folgt jetzt dem Rat seiner Freunde, sagt »Nein!« und stellt sich ihr in den Weg, so daß sie die Küche nicht verlassen kann. Sie wird nervös und schäumt vor Wut, aber er bleibt hart und stellt sich dumm.

Schließlich schlägt die Turmuhr Mitternacht. Da streckt seine Frau die Waffen, wirft sich in seine Arme und beschwört ihn mit Tränen in den Augen: »Bitte, bitte, Schatz, wenn du mich liebst, vertraue mir und frag nichts. Sag nur einfach: Abrakadabra.«

Er wiederholt: »Abrakadabra«, und ehe er weiß, wie

ihm geschieht, steht er zusammen mit seiner Frau in einem Zauberschloß, in einem Ballsaal voller tanzender Menschen – so voll, daß man sich gerade noch bewegen kann. Lauter Zauberer und Hexen sind hier versammelt; sie kommen von überall her, einige sogar aus den Abruzzen und aus Ljubljana.

»Jesus, Maria und Joseph«, murmelt unser Fischer verdutzt, »da habe ich mir ja was Schönes eingebrockt.«

Aber als der erste Schreck vorbei ist und er genauer hinsieht, stellt er fest, daß diese ganze Höllenschar weit harmloser aussieht, als er sie sich vorgestellt hat. Im Grunde sind es gutaussehende Leute, die einander kennen und freundlich grüßen; ha! es sind sogar welche darunter, die er selber kennt, zum Beispiel der Apotheker aus Santa Fosca oder die Schneiderin aus San Samuele, ja selbst der alte Graf Penzo. Wer hätte das gedacht ...

Das Fest ist in vollem Gange, laute Musik und Stimmengewirr erfüllen den Saal. Der Wein fließt in Strömen, und das kalte Büfett ist im Handumdrehen leergeputzt. Das einzig Merkwürdige im Raum ist ein penetranter – naja! – Schwefelgestank, der von Zeit zu Zeit aus einem Loch unter dem Tanzboden dringt. ›Wenn das hier der Eingang zur Hölle ist‹, denkt der Fischer, ›dann scheint es den Verdammten ja gar nicht so schlecht zu gehen!‹

Einige Frauen sind so freizügig angezogen, daß man alles an ihnen sieht. Sie tanzen in aufreizenden Posen und blinzeln ihm verführerisch zu.

›Nur gut, daß meine Frau mich jetzt nicht sieht‹, denkt der Bootsbesitzer. ›Sie wäre bestimmt mächtig eifersüchtig. Wo sie nur steckt? A propos eifersüchtig ... sie wird sich doch wohl nicht mit einem dieser Kerle davongeschlichen haben?‹

Er bahnt sich einen Weg durch die dichte Menge der Tanzenden, sucht jeden Winkel des Ballsaales ab, wirft einen Blick in den Nebenraum – nichts. Er befürchtet schon das Schlimmste, als plötzlich jemand sanft seinen Arm berührt.

Ein auffallend gut gekleideter Herr mittleren Alters von distinguierter Erscheinung, durchdringendem Blick und weltläufiger Art. Er riecht nach edlem Parfum. Er ist es. Der Teufel persönlich.

»G-Guten Tag«, stottert der Fischer.

»Guten Tag, mein Herr. Es freut mich, Ihre Bekanntschaft zu machen. Sie suchen Ihre Frau, nicht wahr? Sie ist unten im Garten. Auf einmal bekam sie heftige Kopfschmerzen, die Arme. Meine Schwester hat sie nach unten begleitet. Sie haben doch nichts dagegen?«

Der Fischer schüttelt den Kopf, aber seine Zweifel sind noch nicht ausgeräumt.

»Keine Angst, ihr ist nichts passiert, jedenfalls nicht, was Sie denken«, beruhigt ihn der Teufel und lächelt ihn schmeichlerisch an.

»Aber ... ich hab doch gar nichts gesagt ...«

»Ich weiß. Aber ich kann Gedanken lesen.«

Der Herr der Unterwelt lächelt abermals. Er hat ein prachtvolles Gebiß.

»Wissen Sie, im Vertrauen, die Leute mit ihrem dummen Aberglauben stellen sich immer wunder was unter uns Teufeln vor. Dabei sind wir doch gar nicht so schlimm, oder?«

Er blinzelt dem Fischer verschwörerisch zu. Der ist immer noch sehr zurückhaltend. Um ihn etwas aufzuheitern, macht der Teufel ihm ein paar Komplimente über seine Frau. Es sind Bemerkungen, die sich anhören, als wären sie leichthin in den Wind gesprochen, aber der gute Fischer ist zu schlau, um den Braten nicht zu riechen.

»Ihre Frau ist noch jung«, meint der Teufel, »aber sie hat Talent. Wenn alle so wären wie sie, dann hätten wir hier unten keine Probleme. Sehen Sie, es ist zu früh, um das sicher zu sagen, aber ... es ist gut möglich, daß ich sie eines Tages zur Oberhexe mache. Das Zeug dazu hat sie jedenfalls. Sie dürfen mir glauben, daß ich so was sehe! Warum soll man unter Freunden nicht offen darüber reden? Und wir sind doch Freunde, nicht wahr?«

Der Fischer antwortet nicht. Der Teufel wertet sein Schweigen als Zustimmung.

»Und ich möchte Ihnen noch etwas sagen. Darf ich Ihnen gratulieren? Ich finde es prima, daß Sie nicht auf das einfältige Geschwätz Ihrer Freunde gehört haben. Was wissen die schon über unsereinen? Das sind doch alles dumme Burschen, glauben Sie mir. Sehen Sie sich vor diesen Leuten vor! Es geht mich ja nichts an, aber es täte mir wirklich aufrichtig leid, wenn so eine glückliche Ehe wie die Ihre wegen irgendwelcher dummer Reden in die Brüche ginge... Sie vertrauen mir nicht? Wissen Sie, was ich Ihnen sage? Sie sind mir sehr sympathisch, ich möchte Ihnen gern etwas schenken. Nichts Großes, wie Sie jetzt vielleicht denken – nein, eine Kleinigkeit, eine Gefälligkeit, nicht mehr. Sagen Sie, wie wäre es, wenn Sie heute abend nicht nur Ihre Frau, sondern auch noch ein Säckchen mit goldenen Dukaten nach Hause trügen? Ach, Sie glauben, ich mache Witze? Ich versichere Ihnen, es ist mein Ernst. Ehrenwort. Also, wie wär's?«

Dukaten? Wann bekommt ein einfacher Fischer schon einmal einen einzigen Dukaten in die Hand gedrückt, geschweige denn einen ganzen Sack voll? Dennoch – unser Fischer bleibt mißtrauisch. Ein reicher Mann, so sagt ein italienisches Sprichwort, schenkt dir nie etwas ohne Hintergedanken.

›Warum‹, denkt der Fischer, ›sollte dieser Mann einen Schatz einfach so für nichts weggeben?‹

Jedoch bleibt ihm keine Zeit zum Überlegen. Schon führt ihn sein liebenswürdiger Gastgeber zu einem nahegelegenen Sofa, bittet ihn, sich zu setzen und zieht den versprochenen Geldsack aus der Tasche. Dann nimmt er ein paar Münzen heraus und läßt sie in seiner Hand klimpern. Eine himmlische Schalmei hätte nicht süßer in des Fischers Ohren klingen können.

»Ein angenehmes Geräusch, nicht wahr?«

»Allerdings!«

»Das Geld könnten Sie bestimmt gut gebrauchen. Denken Sie, was Sie sich damit alles leisten könnten.«

»Verflixt gut könnte ich's gebrauchen!«

»Na, sehen Sie. Also, geben Sie sich einen Stoß. Sie werden es nicht bereuen. So eine Gelegenheit kriegt man nur einmal im Leben. Eine kleine Unterschrift auf einem Blatt Papier, und schon können Sie das gute Stück mitnehmen.«

»Eine Unterschrift, sagten Sie?«

»Ja. Nur eine kleine Formalität.«

»Kann ich darüber nochmal nachdenken? Die Sache mit meiner Frau besprechen?«

»Nein, das geht leider nicht. Entweder gleich oder gar nicht.«

»Nun ja, wissen Sie, das kommt alles ein bißchen überraschend für mich ...«

»Trotzdem. Manchmal muß man sich eben schnell entscheiden. Jetzt oder nie.«

Plötzlich duldet die Stimme des Teufels keinen Widerspruch mehr. Sie klingt nicht mehr so offen und freundlich wie bisher. Dem Fischer fällt ein, was er als Kind so alles über gewisse Dinge gehört hat. Er hat immer gedacht, das sei alles gar nicht wahr, aber nun sieht er plötzlich klar.

Er sagt: »Ah, so ist das! Jetzt hab ich dich durchschaut! Du willst mir das Fell über die Ohren ziehen, wie? Erst im Trüben fischen und dann doch scheibchenweise mit der Wahrheit rausrücken. Das, was ich da unterschreiben soll, ist nicht mehr und nicht weniger als das Todesurteil für meine Seele!«

Schnell sagt der Fischer den Spruch auf, den er als Kind einmal gelernt hat:

»Risi e bisi, bisi e risi,
Böser Geist, du bringst kein Glück,
Kehr an deinen Ort zurück.«

Plötzlich hat der Spuk ein Ende. Der Fischer und seine Frau sitzen in ihrer Küche, als wäre nichts gewesen. Etwas benommen fühlen sie sich schon, aber das ist alles – zumindest für diese Nacht.

Am nächsten Morgen – es ist der erste Weihnachtsfeiertag – wacht unser Freund mit unguten Gefühlen auf. Er fühlt sich wie eine Maus in der Falle. Mamma mia! Er hat eine Nacht hinter sich, eine Nacht, die er nicht einmal seinem ärgsten Feind wünschen würde. Daher macht er sich noch vor der ersten Frühmesse auf zum Pfarrer von San Trovaso, einem guten Freund seiner Familie, der schon als Kind mit seinem Vater zusammen auf dem Campo Santo Stefano Räuber und Gendarm gespielt hat. Zu diesem Priester hat er Vertrauen, ihm will er ohne Wenn und Aber sein Herz ausschütten.

Aber die Sache läuft anders, als er dachte. Er ist im höchsten Grade verwundert über Don Bertos frostige Begrüßung. Don Bertos Gesicht färbt sich rot, als er sein Schäflein sieht, er kratzt sich den Schädel und blickt mürrisch drein. Dann meint er: »Hör zu, mein Lieber, es hat keinen Zweck, die Sache zu beschönigen. Erst heiratest du das Frauenzimmer, obwohl du weißt, daß sie eine Zauberin ist und daß so was auf die Dauer nicht gutgeht, und dann, wenn die Kacke am Dampfen ist und du bis zum Hals drinsteckst, dann kommst du plötzlich zu mir. So ist es doch, nicht wahr?«

»Na ja ... ich dachte, Ihr helft mir, Don Berto ... ich hab doch volles Vertrauen zu Euch ...«

»Vertrauen, so so. Und was ist mit deinem Glauben?«

»An wen soll ich denn glauben, wenn nicht mal Ihr mir helfen wollt?«

»Wer sagt, daß ich dir nicht helfen will?« brummt Don Berto, schon etwas umgänglicher. »Es ist doch immer das gleiche mit euch. Ihr macht Mist, und ich darf ihn wieder auslöffeln – damit am Sonntag wenigstens ein paar von euch in die Messe kommen ...«

»...«

»Aber gut. Ich will nicht so sein. Ich helfe dir. Aber du mußt tun, was ich dir sage, hörst du?«

»Ja, Hochwürden.«

»Also, paß auf. Was dich persönlich angeht, ist die Sache nicht so schlimm. Es reicht, wenn ich dir den Segen der Heiligen Drei Könige gebe, und die bösen Geister lassen dich in Ruhe. Aber für deine Frau wird's schwieriger – erstens, weil sie eine Frau ist und Frauen von jeher die Begabung haben, das Unglück auf sich zu ziehen, und zweitens, weil das arme Schwein (entschuldige meine Ausdrucksweise!) sich eher umbringen würde als zuzugeben, daß sie eine Hexe ist, was ihre einzige Rettung wäre ...«

»Aber was dann?«

»Hör zu und unterbrich mich nicht. Tu bitte genau, was ich dir jetzt sage: An einem bestimmten Tag zu einer bestimmten Stunde – wann, werde ich dir rechtzeitig mitteilen – läufst du blitzschnell auf sie zu, und ehe sie dir ausweichen kann, ritzt du ihr den Arm oder das Bein, so daß Blut herausläuft. Oder du zwingst sie, sich zu übergeben, bis ihr Magen leer ist. Denn zusammen mit der Flüssigkeit entweicht auch der böse Geist, der in ihrem Körper ist. Aber das sind alles Methoden, die ein gewisses Fingerspitzengefühl verlangen – sonst stirbt sie dir womöglich unter den Händen weg ... Aber nein, mir fällt noch etwas anderes ein: Warte den Moment der Verdoppelung ab ...«

»Den was?«

»Den Moment der Verdoppelung, du Dummkopf. Den Moment, in dem die Hexe ihren Körper verläßt (der dann kalt wird und wie tot aussieht) und sich in eine Fliege verwandelt. Hast du mich verstanden?«

Er hat nicht verstanden.

Der Priester seufzt und erklärt: »Manchmal, wenn die Hexen schlafen oder wenn sie so tun, als ob sie schliefen, verlassen sie ihren menschlichen Körper und verwandeln sich in Fliegen. Wenn man eine Zauberin entzaubern will, muß man so einen Augenblick abwarten. Also, wenn du siehst, daß der richtige Moment gekommen ist und der böse Geist sie zeitweise verlassen hat, mußt du ihren Mund, ihre Augen und ihre Nase mit einer geweihten Kerze berühren. Dann kann die Fliege nicht mehr durch diese Körperöffnungen eindringen und zurückkehren, und du brauchst sie nur noch zu erschlagen. Klingt einfach, nicht wahr? Wenn ihr das geschafft habt, deine Frau und du, dann kommt bitte alle beide zu mir in die Messe. Ihr habt es dringend nötig ...«

Gesagt, getan. Dem Bootseigentümer gelang es, seine Frau zu entzaubern, und von dem Tag an hatte er in ihr die sanfteste, netteste Ehefrau von ganz Venedig. Sie war so fromm, daß sie ihren Vornamen in Maria ändern ließ, denn alle Frauen, die Maria heißen, sind für immer vor dem Zugriff des Teufels sicher – wegen Maria, der Mutter Jesu.

Denn so lauten die heiligen Abmachungen, vor denen sogar die Wesen der Unterwelt den Hut ziehen müssen, wenn sie keinen Ärger kriegen wollen.

Die Tänzer am Adventssonntag

In der Mulde, die heute der Zirknitzsee füllt, lag vor Zeiten ein Dorf. Einst wurde dort an einem Sonntag der Adventszeit im Gemeindewirtshaus bis in die Nacht hinein getanzt. Als es gerade am tollsten zuging, erschien auf der Schwelle des Tanzsaals ein uralter Mann mit langem, weißem Bart. Er erhob die Arme und ermahnte die Tobenden, an die heilige Zeit zu denken und nicht weiter zu tanzen, »sonst würde ein großes Unglück geschehen«. Die Rotte lachte den Greis aus und fuhr fort zu johlen und zu springen.

Zum zweitenmal erschien der Alte und zum drittenmal – seine Worte fruchteten nichts. Da öffnete er den Spund eines Fäßchens, das neben ihm stand, und es ergoß sich so viel Wasser, daß das ganze Dorf überschwemmt wurde. Dadurch bildete sich der Zirknitzsee, in dem ein Drache hausen soll und dessen Flut in der Trockenzeit wieder verschwindet.

Die misslungene Erlösung
Spuk aus dem Friaul

In einer rauhen Winternacht, während die Bora schneidend durch die Altstadt von Triest pfiff, schritt ein Mann, den Hut tief in die Stirn gedrückt, die Hände in den Taschen geballt, den Bergweg von San Giusto hinauf, über den Platz, auf dem einst der Galgen stand. Da näherte sich ihm eine Menschengestalt, die zitternd hin und her schwankte. Mitleidig bot er ihr seinen Beistand an. »Du kannst mir doch nicht helfen, wozu soll ich dich erst bitten?« erwiderte das seltsame Wesen. Auf den weiteren Zuspruch des anderen fuhr es fort: »Wohlan, ich will es noch einmal versuchen, vielleicht kannst du mich doch retten. Höre: vor vielen, vielen Jahren wurde ich hier auf diesem Platz gehängt, obwohl ich an dem Morde, um dessentwillen ich verurteilt wurde, unschuldig war. Trotz meiner heiligsten Beteuerungen mußte ich den schimpflichen Tod erdulden. Seitdem leidet meine Seele schrecklich. Nur wenn sich ein Mensch meinetwillen einer harten Prüfung unterzieht, kann sie von ihren Qualen befreit werden.« – »Laß es mich versuchen«, sagte der Zuhörer teilnahmsvoll. – »So vernimm denn weiter«, sagte die graue Gestalt, »bestehst du drei Nächte hintereinander stumm die harte Prüfung, alsdann bin ich erlöst, und du erhältst einen großen Schatz zum Lohn. Lebe wohl, um Mitternacht sei bestimmt hier zur Stelle!« – Die Gestalt verschwand.

Als sich der Triestiner um Mitternacht wieder einfand, erschien, wie aus der Erde gekrochen, eine große Schlange; langsam, dann immer hurtiger ringelte sie sich an seinem Körper hinauf; als sie den Hals erreichte, überkam den Mann das Gefühl eisiger Kälte. In der folgenden Nacht erlebte er dasselbe Abenteuer; doch war der Druck der Schlange beträchtlich stärker, die Kälte, die sie ausströmte, furchtbar eisiger.

Als die Schlange in der dritten Nacht ihn umringelt hatte, blieb sie lange, lange Zeit um seinen Hals gewunden, so daß endlich der Geplagte den Schmerz nicht mehr zu ertragen vermochte und einen lauten Schrei ausstieß.

Im Nu löste die Schlange ihre Ringe, glitt herab und verschwand in dem sich spaltenden und sofort wieder schließenden Erdboden. Vom Richtplatz her tönte schrilles Jammern und Klagen. Mit schlotternden Knien rannte der Triestiner den Berg hinab. Am folgenden Tage sah er, daß seine Haare schneeweiß geworden waren.

Der Teufel und der Erzengel auf der Brücke von Pavia

Legende aus der Lombardei

Um die überdachte Brücke von Pavia ranken sich zahllose Legenden, die nicht nur für Einheimische interessant sein dürften. Eine davon fällt genauso aus dem Rahmen wie das Bauwerk, das sie zum Thema hat und lautet wie folgt:

Eines Abends vor langer, langer Zeit wollte eine Schar Gläubige den Fluß überqueren, um zur Mitternachtsmesse zu gehen. Es war am Heiligen Abend; die Stadt war in einen dichten Nebel gehüllt, so daß man die Hand nicht mehr vor Augen sah. Es herrschte überall ein hefti-

ges Gedränge und Getümmel, und die Kähne konnten bei der schlechten Sicht nur ganz langsam fahren. Manche Leute drängelten sich rücksichtslos vor, andere warteten geduldig, bis sie an die Reihe kamen.

Auf einmal tauchte ein rot gekleideter Mann in der Menge auf. Er sprach zu den Leuten: »Wenn ihr wollt, kann ich euch in wenigen Sekunden eine Brücke bauen, aber unter einer Bedingung.«

»Und die wäre?« fragten die Leute ängstlich.

»Das erste Lebewesen, das die Brücke heil überquert, soll mir gehören.«

In der Menge der Wartenden stand auch der Erzengel Michael. Er machte sich groß, trat neben den geheimnisvollen, vornehmen Herrn und sagte: »Baut nur Eure Brücke, mein Herr, der Rest wird sich finden. Was mich betrifft, so bin ich mit Eurer Bedingung einverstanden.«

Der andere – es war niemand anders als der Teufel – schlug ein paar kabbalistische Zeichen auf die Erde, und schon zeichnete sich das Profil einer Brücke im Grau des Nebels ab. Der Teufel stellte sich ans gegenüberliegende Ufer, bereit, sein ihm versprochenes Opfer in Empfang zu nehmen, aber der Erzengel Michael überredete die Leute, zuerst einen Hammel hinüberzuschicken.

Aus Wut darüber, daß man ihn so geprellt hatte, entfesselte der Teufel einen heftigen Sturm, um die Brücke wieder zu zerstören. Aber sein Werk hielt dem Zorn der Elemente stand, und er mußte unverrichteter Dinge fliehen, denn die Paveser vertrieben ihn mit ihren frommen Gebeten und Chorälen.

Später erbauten sie zum Zeichen ihrer Dankbarkeit über dem mittleren Brückenbogen eine kleine Kapelle und weihten sie dem Schutzheiligen der Flüsse.

ACHTES KAPITEL

ZWISCHEN MANN UND FRAU

Giovanni Verga
»Zum Karneval geh ruhig aus, Ostern und Weihnachten bleib zuhaus'«

Dieses Sprichwort sagte Gevatter Menico zu jedem Bekannten, den er unterwegs traf. Alle grüßte er mit einem freundlichen »Viva Maria!«

Vor ihm in der Wintersonne lachte ihn sein geliebtes Heimatdorf an mit dem spitzen Kirchturm, der weithin sichtbar aus dem Grau der Olivenbäume hervorstach.

»Was habt Ihr denn Gutes zu Weihnachten gekauft?« fragte ihn der Fuhrmann, der es heute ausnahmsweise gar nicht eilig hatte und ein Stück neben ihm herritt.

»Ach, nichts Besonderes – was es halt so gab«, antwortete Menico ausweichend und grinste verstohlen in sich hinein. Der Weg vor ihm ging steil bergauf, aber er spürte den schweren Sack auf seinen Schultern nicht, so leicht war ihm zumute. Sogar die Spatzen, die auf den gefrorenen Zaunspitzen saßen und sich emsig die Federn putzten, stimmten ihn froh. Nach den Monaten der Abwesenheit kam ihm der Heimweg heute doppelt so lang vor.

»Bestimmt wartet Eure Frau auf Euch, hab ich recht?« fragte der neugierige Fuhrmann weiter. Menico nickte und gab sich Mühe, seine Freude zu verbergen.

Sein Haus lag mitten im Dorf. Er überquerte die Piazza und ging am Fleischerladen vorbei, wo die Leute heute, vor den Feiertagen, Schlange standen. An jeder Straßenecke standen kleine, geschmückte Altäre mit Orangen und bunten Hostien, und aus vielen Häusern drangen fröhliche Pfeifenklänge.

Im Hahnengäßchen hörte man lautes Gekreische. Die Jungen aus der Nachbarschaft spielten Räuber und Gendarm. Ihre Hände waren schon ganz rot gefroren. Gevatter Menico sah schon von weitem sein Fenster. Ob seine Frau wohl auf ihn wartete? Anscheinend nicht, die Fenster waren geschlossen. Er grüßte die Nachbarin Lucia, die gerade ihre Wäsche aufhängte, und Narcisa, die auf dem Balkon am Spinnrocken saß und Zwirn spann. Der Lahme hinkte an ihm vorbei und sammelte die Hennen ein, die gackernd auseinanderstoben.

Gevatter Menico stellte seinen schweren Sack ab und setzte sich vor die verschlossene Haustür. Er bemerkte nicht, wie die Nachbarinnen hinter den Fensterläden tuschelten und lachten. Stundenlang saß er vor seinem Haus und wartete, bis sein Vetter Sandro sich seiner erbarmte und mit gleichgültiger Miene und hinterm Rükken verschränkten Armen auf ihn zuging.

Er setzte sich neben Menico auf die Eingangsstufe. Eine Weile saßen sie mit ausgestreckten Beinen da und sprachen nichts. Dann fragte Sandro: »Wartest du auf Betta, Vetter Menico?«

»Ja«, antwortete dieser. »Ich bin gekommen, um mit ihr Weihnachten zu feiern.«

Sandro zögerte. Sollte er es Menico sagen? Wenn nicht, würde der wohl bis zum Jüngsten Tag hier sitzen und warten.

»Du weißt es also nicht?«

»Was weiß ich nicht?«

»Daß deine Frau mit Vito Scanna abgehauen ist und den Schlüssel mitgenommen hat.«

Gevatter Menico sah ihn verdutzt an. Er kratzte sich den Schädel und stammelte: »Aber . . . w-wo ist sie denn hin?«

»Keine Ahnung, Menico. Ich dachte, du wüßtest es.«

»Nein, lieber Vetter, ich weiß von gar nichts«, erwiderte der Ärmste und nahm seinen Sack wieder auf. »Woher hätte ich denn wissen sollen, daß ausgerechnet an Weihnachten hier so ein nettes Geschenk auf mich wartet?«

Die ganze Nachbarschaft lachte sich halbtot, als sie sah, wie Gevatter Menico mit einer geliehenen Leiter wie ein Einbrecher übers Dach in sein eigenes Haus stieg. Dort verkroch er sich über die Feiertage. Er hatte keine Lust, die schadenfrohen Gesichter seiner Nachbarn zu sehen.

Nach zwei Tagen klopfte jemand an die Tür. Es war die Witwe Senzia.

»Ich bitte Euch, Menico«, sagte sie, »geht wieder unter die Leute. Ist das eine Art, Weihnachten zu feiern? Nicht mal im Gottesdienst wart Ihr! Laßt es Euch doch nicht so zu Herzen gehen! Klar, daß Eure Feinde sich über Euch lustig machen, aber das wird nie aufhören, wenn Ihr Euch verkriecht!«

Menico wußte nicht, was er sagen sollte. Die Witwe Senzia meinte es gut; ihr aufrichtiges Mitleid rührte ihn.

Endlich brach es aus ihm hervor: »Witwe Senzia, sagt mir, was habe ich nur falsch gemacht? Meine Frau ist doch eine gute Seele. Was hat ihr bei mir gefehlt, daß sie mich so verlassen hat?«

»Ich weiß nicht«, antwortete sie. »Wir Frauen sind manchmal seltsame Wesen. Wir verdienen es, daß Gott uns bestraft.«

Die Witwe Senzia kümmerte sich um den armen Menico; er war allein und hilflos wie ein Waisenkind. Sie bewahrte den neu gefertigten Hausschlüssel für ihn auf, während er, ein Landarbeiter, nach wenigen Tagen wieder zu seinem Brotherrn zurückkehrte, als hätte es für ihn nie ein Weihnachten gegeben.

Menico war noch nicht lange an seinen Arbeitsplatz zurückgekehrt, da erreichten ihn erste Gerüchte über den Verbleib seiner Frau: Sie sei auf dem Jahrmarkt von Mililli gesehen worden, hieß es, und Vito Scanna habe sie zur Limonenernte nach Francofonte mitgenommen, wo sie als Packerin arbeite. Seine Freunde predigten auf Menico ein, zu ihr zu fahren. Sie meinten: »So eine junge Frau läßt man lieber nicht zu lange allein!« Aber Menico blieb, wo er war.

Aber es kam noch dicker für ihn. Als im Juni die Zahl der Lohnarbeiter aufgestockt wurde, um die vielen hundert Hektar Gras des Landgutes zu schneiden, war auch

Vito Scanna unter den angeheuerten Kräften. Er war zerlumpt; sein einziger Besitz war sein Arbeitswerkzeug, die Sichel.

»Ich will keine Streitereien zwischen euch!« sagte der Verwalter in scharfem Ton zu den beiden Männern. »Jeder geht an seine Arbeit, wie es sich gehört. Daß mir keine Klagen kommen!«

Fortan mußte er Tag und Nacht diesen Vito Scanna sehen – den Mann, mit dem seine Frau geflohen war. Der tat, als wäre nichts, aß und trank mit gutem Appetit und sang wie die Grillen in der Mittagssonne vor sich hin, um die glühende Hitze nicht so zu spüren.

Eines Tages, als die sengende Sonne ihre Gemüter erhitzt hatte, gingen die beiden Rivalen mit der Heugabel aufeinander los. Der Verwalter drohte damit, sie auf der Stelle davonzujagen, und die Streithähne mußten wohl oder übel einen Waffenstillstand schließen. Und Betta, der Gegenstand des Streits, wie mochte es ihr gehen? Sicher war nur, daß sie ein schlechtes Leben haben mußte, jetzt, da Vito sie verlassen hatte.

Die Witwe Senzia hätte gesagt: Der Herr hat sie bestraft. In gewisser Weise hatte sie recht. Menico arbeitete wie besessen, wie eine Ameise schleppte er Wein, Öl und Korn in sein Haus, in dem nun statt seiner Frau die Witwe Senzia den Haushalt führte, sich den Bauch vollschlug und die Gunst der Stunde nutzte.

»Schließlich kann ich ja nicht ewig allein bleiben – wie ein Hund«, rechtfertigte Menico sich. »Wer soll sich denn sonst um das Haus kümmern, und wer kocht mir meine Minestrone?«

Eines Tages kam der Priester und bat Menico, dem Skandal ein Ende zu setzen und sich mit seiner Frau zu versöhnen. Er könne doch nicht auf die Dauer mit einer anderen Frau zusammenleben; außerdem sei anzunehmen, daß Betta wieder zu ihm zurückkehren werde, wenn er ihr nur verzeihe.

»Öffnet die Arme und nehmt sie wieder bei Euch auf,

Gevatter Menico«, mahnte er, »so, wie der Vater in der Bibel seinen verlorenen Sohn wieder aufgenommen hat. Versöhnt Euch mit ihr, jetzt, wo bald Weihnachten ist!«

»Wie, Hochwürden, könnte ich die Frau, die mich verraten und verlassen hat, wieder zu mir nehmen?« fragte Menico, ohne daran zu denken, daß er sich vor einem halben Jahr, zur Erntezeit, noch mit Vito Scanna um seine Frau geprügelt hatte!

Und Mutter Senzia, die den Braten roch, machte Menico jedesmal, wenn sie ihn mit dem Priester reden sah, eine herzzerreißende Szene. »Ich war für dich da, als du niemanden hattest«, schluchzte sie, »und jetzt, wo es deiner Frau leid tut, willst du mich Arme auf die Straße setzen!«

»Trotzdem«, meinte der Priester, »das Sakrament der Ehe ist heilig. Wenn ihr beide weiterhin in wilder Ehe zusammenlebt, wird Gott euch strafen!« Und die Leute zerrissen sich das Maul über Menico, der es vorzog, in der Sünde zu leben wie ein wildes Tier.

In der Tat – die Strafe des Himmels ließ nicht lange auf sich warten. Plötzlich zog sich Menico Ragoleti ein heftiges Fieber zu, das ihn wie ein Gewehrschuß niederstreckte. Als sie ihn auf einem Maulesel in sein Heimatdorf schleppten, war er bereits vom Tode gezeichnet. Gleichzeitig mit dem Priester, der ins Haus gerufen wurde, um Menico die Sterbesakramente zu verabreichen, kam auch seine Frau ins Haus zurück. Ihr Gesicht war leichenblaß, ihr Blick finster; als sie sah, daß die Witwe Senzia noch immer da war, stemmte sie die Arme in die Hüften und wies die unerwünschte und zerknirschte Nebenbuhlerin wortlos zur Tür hinaus.

Nun war sie wieder die Herrin im Haus. Gevatter Menico saß stumm in der Ecke und zählte nicht mehr. Kaum schloß er für immer die Augen – es war am Vorabend des Tages der Unbefleckten Empfängnis –, zog sich seine Frau, ohne eine Minute zu verlieren, von Kopf bis Fuß schwarz an, wie es sich gehörte.

Die Nachbarn, die sich angesichts seines Unglücks wieder mit Menico ausgesöhnt hatten, sprachen noch oft über den armen Mann, der sein ganzes Leben lang hart gearbeitet hatte und seine Frau nun Gott sei Dank wohlversorgt zurückließ.

Aber als eines Tages Vito Scanna an ihre Tür klopfte – in nagelneuen Klamotten, wie ein Dandy –, da bekreuzigte sich die junge Witwe und rief: »Hau ab, du Bettler!«

Federigo Tozzi
Die Christnacht

Jedesmal, wenn Naldo Benedetti anfing zu fluchen, legte seine Schwester Menica das Strickzeug in den Schoß, und kalter Schweiß badete ihre Stirn. Dann biß sie sich in die Hände: »Ich kann dich nicht mehr anhören!«

Vor allem jetzt: er konnte seiner Frau ja etwas antun, die im Bett lag und bereits die Wehen hatte! Daran dachte er natürlich nicht!

Naldo Benedetti war Ziegelbrenner; er verdiente kaum etwas, und seinen Lohn steckte er in Besäufnisse.

Menica war die Witwe eines anderen Ziegelbrenners. Ihr einstöckiges Häuschen lag direkt neben den Brennöfen, inmitten vieler anderer, zwischen Haufen von Ziegelsteinen und der Straßenhecke: fast drei Meilen von Siena entfernt, hinter einem kleinen Berg aus Tonerde.

Auf der anderen Seite der Straße bildete das weißliche Land eine Ebene, die sich in der Ferne immer weiter absenkte, mit hier und da unordentlich nebeneinander gepflanzten Zypressen. Das Erdreich war nicht geebnet, sondern wies Mulden und Erhebungen auf.

Auch an diesem Abend war Naldo betrunken. Er versuchte, sich ruhig zu verhalten, doch dann fragte er seine Schwester: »Wie lange dauert's noch?«

»Wie soll ich das denn wissen? Pavola sagte, daß sie's bald kriegt. Cecca will im Dunkeln sein, deshalb warte ich, daß sie mich ruft.«

Pavola war eine Frau, die Hebammendienste versah, Wunden behandelte, fast alle Krankheiten heilte und ausgekugelte Gelenke wieder einrenkte.

»Ich geh auf einen Sprung rüber in die Coroncina.«
»Zum Kartenspielen?«
»Was soll ich denn hier?«
»Frag aber Cecca vorher.«
»Wenn ich sie frage, will sie bestimmt, daß ich hierbleibe.« – Und um sich zu rechtfertigen, fuhr er dann fort: »Und außerdem, was soll's denn, daß sie noch einen kriegt. Der stirbt doch auch: drei sind uns schon weggestorben, einer nach dem andern. Glaubst du etwa, daß der Herrgott uns den vierten läßt? Ich glaub's nicht. Ich weiß das.«

Menica senkte den Kopf. Sie verschränkte ihre Hände unter der Schürze, denn es war ihr kalt, und gähnte. Dann sagte sie, während sie noch einmal gähnte: »Paß auf, daß sie dich nicht hört!«

»Die arme Frau! Quält sich umsonst!«

Und mit den Händen in den Hosentaschen ging er weg. Da es sehr kalt war, zog er sich die Hutkrempe herunter und stellte den Kragen hoch. Es war sternenklar, und es sah aus, als würde das Mondlicht den Straßenstaub benetzen. Ganz für sich allein, begann er zu singen:

»Michellone, Michellin
Hatte eine Honigbien.
Bravo, bravo, Michellin!
Gib uns deine Honigbien!«

Doch wenn er daran dachte, daß er ja auch einmal geboren wurde und daß Geborenwerden das gleiche ist wie Sterben, dann fühlte er einen unangenehmen Schauder.

Dieser Gassenhauer dagegen brachte ihn zum Lachen; als wäre er in der Lage, seine ganze Gutherzigkeit zu begreifen. Denn Naldo war davon überzeugt, gut zu sein! Jedoch in Abständen, wenn er nicht gerade schwörte, daß auch dieses Kind sterben würde. Und darüber wollte er keine Witze machen, nicht einmal insgeheim, obgleich Michellone ihn so amüsierte wie eine lebendige Person.

So lautlos wie die nachts fast wie bei Tageslicht sichtbaren Reflexe in dem Wassergraben längs der Hecke war auch die Straße, die ihm vorkam wie ein viele Kilometer langer Traum.

Ringsum die Hügel mit ihrer Sanftheit und die Olivenbäume, die die nächtliche Brise spürten, sobald sie sich regte; als käme sie von den Bergen herüber.

Naldo hatte keine Lust mehr zu singen und wollte in dieser Stille aufgehen.

Er sah eine voll Regenwasser gefüllte Tränke glitzern und blieb stehen, weil er dort ein Tier zu hören glaubte, das in ihr herumplätscherte. Wie schön war doch diese Straße!

Sonntags, in den Hosterien, trinken die Älteren literweise Wein, und die Jüngeren fangen an zu lachen, wenn sie sie betrachten, und dann bleiben sie stehen und schwatzen miteinander. In Naldos Heimatort dienen Pergolen als offener Garten, und die Hirtenflöten der Jungen sind süßer als jede andere Musik. Damals spielte er Karten in der Sonne, und jeder kannte die Glocken der eigenen Kühe. Still und schweigend zieht der Fluß vorüber, und es gibt dort eine Brücke mit so hohen Bögen, daß die Leute da hingehen, um sich umzubringen.

Jeder besitzt einen Weinberg oder ein Stück Wald. Dort werden Eichen gefällt, um Platz für Gehöfte zu schaffen, und seine Kusinen hatten ein schönes Kurzwarengeschäft. Dort spielen die Kinder mit Kreiseln und binden die Holzgatter mit Draht fest, wenn die Trauben gereift sind.

Der Friedhof ist immer geschlossen, damit keine Tiere dort eindringen und grasen.

Doch wenn er einmal als alter Mann dorthin zurückkehren wird, wird er nicht einmal dem einen oder anderen Freund, der noch am Leben ist, guten Tag wünschen können. Damals sagten sie ihm im Frühjahr, daß sein Korn aufgegangen wäre, und mancher seiner Verwandten lieh sich Sensen bei ihm aus oder Scheren für das Beschneiden von Bäumen und schenkte ihm dann einen

Zopf aus Roßhaar vom eigenen Pferd für seine Taschenuhr.

Und dann gingen sie zusammen einen Liter Wein trinken, aus reiner Freude, miteinander sprechen zu können.

Wenn er einst dahin zurückkehrt, wird ihm mancher, der ihn längst für tot gehalten hat, wer weiß wie lange in die Augen sehen, bevor er glaubt, daß es nicht wahr ist. Andere werden sich nicht einmal daran erinnern, wie er heißt, doch dann werden sie ihm die Hand schütteln und ihn um Entschuldigung bitten.

Jetzt aber müssen die Pergolen erneuert werden, ohne daß er sie sieht, und seine Bekannten sterben dahin, während er an den Brennöfen steht und Tausende und Abertausende von Ziegeln brennt. Dann schon lieber trinken!

Er ging in die Hosteria der Corincina mit der Vorahnung und der Lust, einen Streit vom Zaun zu brechen, denn das war die Art, wie er seinen Ärger los wurde. Nach der ersten Kartenrunde zertrümmerte er die Literflasche, die man vor ihn hingestellt hatte, und verprügelte zwei junge Burschen. Danach ging er, ohne zu zahlen.

Um Rache zu nehmen, schossen sie auf ihn aus einem Fenster, trafen ihn aber nicht.

Es war ihm, als würde die Nacht von einem großen Licht erhellt, was aber gewiß nicht durch den Mond kam, denn auch der Mond glich einem großen Stück Eis, wie das der Pfützen, das man nur mit der Spatenspitze und kräftigem Hacken aufbrechen konnte. Das Kind, das ihm geboren werden sollte, gehörte nicht ihm, sondern diesem Licht, das ihn geradezu bestürzte. Er fühlte, daß er nicht der Vater sein konnte. Aber die Sache war ihm nicht ganz klar, denn der Wein, den er getrunken hatte, war stark gewesen. Das Kind, das ihm geboren werden sollte, gehörte der ganzen Welt. Und deshalb wollte Naldo es jetzt zur Welt kommen sehen. Warum war er dann von zu Hause weggegangen?

Mitten auf der Straße blieb er stehen und fing an, mit dem Mond zu streiten. Mit seinen mageren, der Länge nach durchfurchten Fingern suchte er etwas in den Hosentaschen, das er dem Mond anbieten wollte. Er wollte ihm alles geben, was er besaß: das Messer, die Schlüssel, ein Stück alter Kordel. Die Menschen waren schlecht, sie schossen auf ihn. Nein, ein Mensch wollte er nicht mehr sein!

Aber er stolperte in einen Kieshaufen, fiel darauf nieder und schlief ein.

Cecca schrie nicht mehr, so wie noch vor einer halben Stunde, sondern krallte sich mit ihren Zähnen und Fingernägeln ins Bettlaken. Sie schrie nicht, weil sie Naldo im Haus vermutete und ihn mit der Geburt nicht allzusehr belästigen wollte. Im Delirium ihrer Krämpfe wollte sie sich nur noch Gott anempfehlen, aber es gelang ihr nicht, denn ihre Schreie unterbrachen sie dabei und ließen sie ihn vergessen. Außerdem wollte sie Menica sagen, daß sie, statt Wache zu halten, lieber in die Mitternachtsmesse gehen sollte. Schließlich wurde ja auch Jesus zu dieser Stunde geboren!

Aber warum konnte sie nicht einmal ein Ave Maria zu Ende beten?

Dabei glaubte sie an Gott, ja, es schien ihr sogar, daß sie ihn sehen könne, als würde sich die Zimmerdecke auftun und zwischen ihr und Gott nichts mehr stehen. Sie konnte nicht mehr denken noch begreifen, aber die Krämpfe, besonders wenn sie stärker wurden, waren Gott selbst. Also mußte sie leiden! Und da sie dachte, ihr Wunsch sei erhört worden, hatte sie aufgehört zu schreien und fühlte jetzt etwas Warmes ihre Beine hinabströmen, bis zu den Fußspitzen.

Menica dachte: »Es muß ihr wohl besser gehen. Vielleicht wird sie ja auch erst morgen gebären!«

Sie rieb sich kräftig die Finger, weil sie Frostbeulen hatte, fettete sie dann mit Lampenöl ein und stellte sich an den Straßenrand, um nach Naldo Ausschau zu halten. Zahlreiche Leute gingen grüppchenweise vorüber, und alle schienen sie schwarz gekleidet.

Der Mond ging hinter den Wäldern der Montagnola unter, und das Land verblaßte, bis es beinahe unsichtbar war. Von Siena her ein paar Lichter, das war alles. Doch der sternenbedeckte Himmel war groß und herrlich: Menica glaubte, daß die Sterne ein ungewöhnliches Funkeln hätten, und sie kamen ihr vor wie Spitzen, die sich ganz allmählich immer mehr näherten, ohne jemals anzukommen. Derart war die Stille, daß ihr die Ohren dröhnten. Kein Hund, kein Schellenband, kein Peitschenknall! Und so stand sie fast eine halbe Stunde lang, bis sie völlig durchgefroren war. Als um Mitternacht die Kirchenglocke von den Hügeln her läutete, schlugen zwei oder drei Haustüren, und ein paar in Wollschals gehüllte Frauen, die zur Christmette gehen wollten, traten heraus und stampften kräftig mit den Füßen auf, um sich aufzuwärmen.

Menica liebte diese Glocke, weil sie ihr schon seit ihrer Kindheit vertraut war. Eine Frau fragte sie, ohne näher zu kommen und im Gehen innezuhalten: »Menica, kommt Ihr nicht mit?«

Sie antwortete lachend: »Meine Schwägerin liegt im Bett.«

»Wie denn? Ist sie immer noch nicht niedergekommen?«

»Nein. Dieses Mal dauert es lang. Die Zeit vergeht überhaupt nicht.«

Eine andere sagte: »Dann gibt es ein doppeltes Fest morgen für Euch! Da braucht Ihr zwei Hähnchen statt einem!«

»Hoffen wir's.«

»Auf Wiedersehen.«

Schon zum vierten Mal mußte sie der Schwägerin beistehen, dagegen war ihr eigener Mann jung gestorben, und sie hatte nicht einmal ein Kind. Jetzt war sie schon fast alt: gelbes Haar mit hier und da einer weißen Strähne; grünliche Augen. Sie sah den Frauen bis zur ersten Biegung nach, blickte dann noch in die andere Richtung, aus der Naldo kommen mußte, und ging wieder ins Haus. Immer noch brannte die Lampe hell, und das erfüllte sie mit Freude. Doch bevor sie sich wieder ihrer Strickarbeit zuwandte, dachte sie: »Ob Cecca wohl eingeschlafen ist? Eine ganze Weile schon rührt sie sich überhaupt nicht mehr! Und ich bleib für sie auf und erkälte mich! Ich wette, daß sie einfach eingeschlafen ist!« Sie ging an die Schlafzimmertüre und horchte. Nichts! Menica ging zurück, nahm die Lampe vom Nagel, zog ihre Hand nach und nach von der Flamme weg, die sich an ihre Finger zu heften schien, und schaute. Gott im Himmel! Auf dem blutdurchtränkten Bett: Cecca und der Junge, tot!...

Ein Fuhrmann weckte am nächsten Morgen Naldo, der voller Reif war und eine Schnecke am Ohr hatte. Er rekelte und streckte sich, hob seinen Hut auf, blickte zum trüben Horizont und zu dem sich entfernenden Fuhrmann hinüber; dann spuckte er aus und ging nach Hause.

Alberto Bevilacqua

Anruf am Weihnachtsabend

I.

An diesem Heiligen Abend saß Federico C. zum erstenmal allein am Tisch. Er setzte sich ans Kopfende, vor das Essen, das er selbst gekocht hatte, und blickte auf die leeren Stühle, auf denen einst seine Frau und seine beiden Kinder gesessen hatten. Er aß schnell und ohne besonderen Appetit. Danach ging er in sein Arbeitszimmer und legte sich aufs Sofa. Es war ein kleines Arbeitszimmer. Überall auf dem Boden stapelten sich Bücher. Sein Bett stand im nächsten Zimmer, jenseits der Wand. Nach dem Tod seiner Frau und dem Auszug seiner Kinder waren ihm nur diese beiden engen, vollgestopften Zimmer geblieben; er hatte sein einstiges großes Wohnzimmer mit einer Wand geteilt und die anderen Räume vermietet.

Das Telefon klingelte schrill. Es hörte nicht auf. Langsam und widerstrebend erwachte Federico. Er fragte sich unwillkürlich, wer denn am Heiligen Abend um diese Zeit noch anrufen konnte. Seit langem erhielt er nur noch wenige Anrufe – von Zeit zu Zeit meldete sich der eine oder andere Freund aus alten Tagen und fragte, wie es ihm gehe, mehr nicht. So, wie er da lag, den Kopf auf den Ellenbogen gestützt, kam ihm das Klingeln des Telefons unnatürlich laut vor. Aber vielleicht lag es auch an der Stille um ihn herum. Er hob den Kopf und sah, daß es draußen dunkel war und schneite. Alles, was man sah, waren ein paar Lichter am Horizont.

Federico tastete nach dem Hörer. Der schrille, vibrierende Ton durchbohrte seine Hand, und der Hörer pulsierte in seiner Faust wie ein gefangenes kleines Tier. Er nahm ab und sagte: »Hallo.«

Keine Antwort – nur ein Keuchen, eine Art tiefer Seufzer, den er sich nicht erklären konnte. Ihm war merkwürdig unheimlich zumute.

»Hallo!« wiederholte er ungeduldig.

Jemand sagte leise: »Federico ...«

Es war eine dünne, leise, etwas atemlose Frauenstimme. Federico dachte an eine ältere Frau.

»Wer ist da?« fragte er.

Die Stimme antwortete: »Jemand, den du nicht kennst.«

»Was wollen Sie von mir?« fragte Federico C. Sein Herz schlug langsamer, die Stimme am anderen Ende wurde freundlicher und etwas lebhafter.

»Ich will gar nichts von dir«, erklärte die Frau. »Ich möchte dir nur sagen, daß ich dich kenne. Schon dein ganzes Leben lang – seit du fünfzehn bist. Ich weiß alles über dich: Erst warst du blond, dann immer dunkler und schließlich grau. Du hast dich verliebt, hast geheiratet, bist Vater geworden. Zuerst warst du wohlhabend, dann arm, zuerst beliebt, dann immer einsamer, und ich war immer bei dir...«

»Gnädige Frau«, unterbrach Federico C. sie ungehalten, »ich finde, dies ist nicht der Tag und nicht die Uhrzeit, irgendwelche dummen Scherze zu machen. Ich glaube, Sie haben sich verwählt. Bitte wählen Sie nochmal...«

Er wollte schon den Hörer auflegen; nicht nur, daß man ihn langweilte, nein, er fühlte sich auch irgendwie traurig.

Die Stimme klang nach wie vor freundlich. Die Frau bat: »Stop, Federico, leg nicht auf!« Sie sagte: »Ich mache keine dummen Scherze. Ich habe dich nicht angelogen. Soll ich es dir beweisen?«

»Wie denn?« fragte Federico C.

»Durch ein paar Einzelheiten, die ich von dir weiß: Mit fünfzehn Jahren hast du dir eine schwere Verletzung zugezogen. Seitdem hast du eine Narbe über der rechten Schläfe. Du wohntest früher auf dem Aventin – in San Saba. Es war ein Haus mit großen Bäumen davor. Mit zweiundzwanzig...« – die Stimme zögerte ein wenig – »...hast du geheiratet. Ich kann mich noch an deinen Hochzeitstag erinnern. Ich war dabei. Deine Eltern sind nicht gekommen. Dein Vater war nicht einverstanden. Er mochte deine Frau nicht. Ihr habt oft gestritten. Aber du hast sie trotzdem geheiratet. Als du fünfundzwanzig warst, ist dein erster Sohn auf die Welt gekommen. Er ist kurz nach der Geburt gestorben. Zwei Jahre später hast du noch einen Sohn bekommen, und mit dreißig eine Tochter...«

»Genug!« unterbrach Federico sie energisch. »Wenn du all das weißt und mich so genau kennst, muß ich dich auch kennen. Wer bist du? Was soll das Theater? Sag mir endlich, wer du bist!«

Einen Moment lang herrschte Schweigen. Dann sagte die Stimme: »Du hast dich nicht verändert, Federico – immer noch derselbe Hitzkopf. Leider hast du nie auf die gehört, die es gut mit dir meinten, die nur dein Bestes wollten. Du warst einfach zu mißtrauisch, und deswegen bist du heute einsam. Jedenfalls ist es so, wie ich gesagt habe: Du kennst mich nicht, hast mich vielleicht noch nie wahrgenommen, aber ich kenne dich so gut, als hätte ich die ganzen Jahre über mit dir zusammengelebt . . .«

»Das verstehe ich nicht«, meinte Federico C. »Wie soll das gehen? Kannst du mir das bitte erklären?«

Die Unbekannte lachte und sagte: »Ich werde dir in Form einer Frage antworten, einer Frage, die ich mir selbst schon tausendmal gestellt habe: Wie ist es möglich, sich in einen Mann zu verlieben, ohne daß er etwas davon merkt? Zu hoffen, daß er dich kennenlernen möchte, zu spüren, daß er immer weniger Notiz von dir nimmt, ihn in unerreichbare Ferne schwinden zu sehen, zu beobachten, wie er eine Liebschaft nach der anderen hat, wie er heiratet und schließlich alle Beziehungen aufgibt – wie ist es möglich, ihn trotzdem zu mögen, an seinem Leben Anteil zu nehmen, es im verborgenen mit ihm zu teilen, auch wenn es nur ein Bild ist, das man nicht leben kann, unerreichbar wie hinter einer dicken Glasscheibe . . ., aber ein Bild, das zu deinem Lebensinhalt wird, ohne das du nicht mehr existieren kannst . . .?«

›Also doch ein dummer Scherz‹, dachte Federico C. ›Da will sich jemand am Weihnachtsabend einen Jux mit mir machen.‹ Er versuchte zu lachen.

»Haha, das glauben Sie doch selbst nicht. Ein Leben lang in mich verliebt, in mein Bild – so ein Quatsch!«

Die Unbekannte am anderen Ende der Leitung schwieg. Federico wurde unruhig. Leise fragte er: »Wenn es stimmt . . . ein Leben lang . . . warum sagst du mir das ausgerechnet jetzt?«

»Weil ich weiß, daß dies mein letzter Heiliger Abend ist, vielleicht eine meiner letzten Nächte überhaupt. Deshalb ist für mich der Zeitpunkt gekommen ...«

»Wie meinst du das?« fragte Federico. »Was für ein Zeitpunkt?«

»Nun, der Zeitpunkt, den Dingen ein letztes Mal ins Auge zu sehen, die du, Federico, versucht hast zu vergessen.«

Wieder wurde es still. Dann sagte die Unbekannte: »Ich rufe wieder an« und legte auf.

»Hallo! Hallo!« rief Federico. Seine Stirn war schweißnaß, aber ihm schien es, als wäre das Telefon sein einziger Halt gegen die Kälte der Nacht.

II.

Der Weihnachtstag ging vorbei, und auch der nächste Tag. Federico C. kehrte ins Büro zurück. Den Anruf vom Heiligen Abend tat er als Scherz ab, aber es war ein grausamer Scherz, eine Beleidigung bei seinem Alter und seiner Vergangenheit, die man ihm so unverblümt vorgeworfen hatte. Nach dem Gespräch hatte Federico C. eine unruhige Nacht verbracht, in deren Verlauf er immer wieder kurz hochgeschreckt war und sich damit beruhigt hatte, das alles sei nur ein dummer Scherz gewesen. Auch jetzt, während er sich anschickte, das Büro zu verlassen, schwankte seine Stimmung zwischen Verärgerung und Staunen, das heißt zwischen dem Zweifel, ob das Ganze sich wirklich so zugetragen hatte oder ob es nicht ein Alptraum gewesen war, und der Erinnerung an die unbekannte weibliche Stimme.

Er ordnete die Briefe auf seinem Schreibtisch, nahm die Jacke von der Stuhllehne und ging aus seinem Büro. Während er den langen Korridor hinunterging, fragte er sich, wer die unbekannte Anruferin gewesen sein konnte. Jedenfalls war sie irgendeine Freundin oder Verwandte, die seine Lebensgeschichte kannte. Er dachte nach. Alle Frauen, die ihm einfielen, waren längst tot. Es waren Jugendfreundinnen, Frauen, die sich in ihn verliebt hatten oder solche, die er selbst einmal geliebt hatte.

Er war ein alter Mann ohne wirkliche Freunde, jemand, der von Jahr zu Jahr einsamer wurde. Selbst seine beiden Kinder sah er nicht mehr; gegenseitiges Unverständnis hatte dazu geführt, daß sie einander völlig fremd waren. Ja, dachte er, ein einsamer alter Mann bin ich geworden.

Nachdem er das Firmengebäude verlassen hatte, drehte er sich noch einmal um und starrte auf die geschlossenen Fenster des leeren Bürohauses. Es war ein Betonklotz, ein Stockwerk über dem anderen, ganz oben war die Chefetage. Hier hatte seine Firmenkarriere damals begonnen, ganz anders, als es normalerweise der Fall war: Er war als Vorstand eingetreten, hatte Anteile erworben und war schließlich, nach einer Reihe mißglückter Transaktionen und widriger Umstände, im Erdgeschoß gelandet, im Archiv. Aber eigentlich war es gar kein richtiges Archiv, sondern eine Art Vorwand, um ihn nach all den Ereignissen nicht entlassen zu müssen.

Ein einsamer alter Mann ... Als er sich dem trostlosen Klang dieser Worte hingab, fiel ihm das Telefongespräch wieder ein. Sonderbar, je länger er daran dachte, desto glücklicher fühlte er sich. Auch wenn es ein übler Scherz war, war er dafür dankbar, denn es war eine Art Lebenszeichen extra für ihn, ein Zeichen, daß andere lebten und ihn nicht ausschlossen, und auch wenn man sich über ihn lustig machte, so half es doch gegen die Einsamkeit.

Er stapfte ziellos durch den Schnee und kam zufällig an eine Bushaltestelle. ›Früher war hier mal eine Straßenbahn‹, dachte er. Früher ... Er stieg in den Bus, durchquerte das immer noch festlich geschmückte Zentrum Roms und ließ sich auf dem Aventin absetzen. Hier stand sein Elternhaus, in dem er bis zu seiner Hochzeit gelebt hatte. Ein Haus mit großen Bäumen davor ...

Die Tür war vergittert. Als er klingelte, kamen zwei uniformierte Männer und fragten nach seinem Anliegen. Jetzt erst merkte er an dem großen Wappen über dem Eingang, daß es ein Botschaftsgebäude war. Die Männer wiederholten ihre Frage.

»Es ist nichts – Entschuldigung, ich habe mich geirrt«, sagte er und lief weiter. Er sah sich um. Sie waren noch da, die großen, jetzt schneebedeckten Steinbänke und die Bäume, aus deren immergrünen Blättern sie den Weihnachtsschmuck gefertigt hatten. Auch den geraden Weg zu den beiden Villen und das Ackerland zwischen beiden Häusern gab es noch. Die zwei Villen waren die einzigen Häuser auf der Straßenseite der Botschaft; auf der anderen Seite lagen große Wohnblocks und Wiesen, die teils mit sauberem weißem und teils mit schmutzigem schwarzem Schnee bedeckt waren. Er dachte unwillkürlich: Wenn die unbekannte Anruferin recht hatte, mußte sie hinter einem der Erdgeschoßfenster des Wohnblocks gestanden und ihn beobachtet haben. Hinter den fraglichen Fenstern waren dichte Vorhänge angebracht, und davor lag ein langgezogener Balkon. ›Ja, hier muß sie gestanden haben‹, dachte er, und der Anflug eines Schattens hinter einem der Vorhänge ließ ihn erschauern.

Gleich darauf hatte er sich wieder in der Gewalt. Er versuchte das Trugbild wegzuwischen. Er konnte sich nicht vorstellen, daß es eine Frau geben sollte, die ihn ein Leben lang ernstlich begehrt hatte und nicht das geringste davon kundtat. Er schüttelte den Kopf. Es mußte ein Scherz sein. So etwas gab es nicht. Sein Leben war, wie es war, und basta.

Er fuhr mit dem Bus zurück in seine Wohnung. Den Kopf an die große Scheibe gelehnt, sah er die Stadt vor seinen Augen dahinziehen – die vielen Plätze, Straßen und Brücken, die Schauplätze seines Lebens und Treibens gewesen waren. Nach so vielen unterschiedlichen Gefühlen stellte sich ein neues ein: er bedauerte, daß es bloß ein Scherz war, daß es nicht wahr sein konnte.

In dieser und in der darauffolgenden Nacht rief niemand an. Federico C. blieb lange auf, den Kopf auf den Arm gestützt, das Telefon griffbereit neben sich. Aber es blieb stumm. Er starrte den Apparat an, als hoffe er, ihn dadurch zum Klingeln zu bringen; ein- oder zweimal hob er den Hörer und lauschte auf das Freizeichen, immerhin ein Laut der Außenwelt. Im Morgengrauen ging er dann zu Bett, um wenigstens noch ein paar Stunden Schlaf zu erwischen.

III.

Es war die vierte Nacht nach dem Telefonanruf. Federico C. hatte aufgehört zu warten; zumindest wartete er nicht mehr so bewußt. Bis elf Uhr zog er sich in sein Arbeitszimmer zurück und las zerstreut in einem Buch. Dann trat er ans Fenster und starrte minutenlang in die dunkle Nacht hinaus. Die Straßen des Viertels waren kaum beleuchtet, aber auf dem nahegelegenen Hügel sah man das Lichtermeer aus dem Zentrum und die Scheinwerfer der Autos. Nachdem er eine Weile am Fenster gestanden hatte, ging Federico in sein Schlafzimmer; da er annahm, daß jetzt niemand mehr anrufen würde, schlief er rasch ein.

Zuerst dachte er, das Telefon hätte nur in seinem Traum geklingelt. Dann zerriß das Geräusch die Stille der Nacht. Federico wachte auf. Er lag da wie gelähmt und zählte die Klingelsignale, bis er begriff, daß es tatsächlich klingelte. Er war versucht zu warten, ob das Gebimmel nicht von selbst aufhörte, aber dann erhob er sich doch und ging hinüber ins Arbeitszimmer, wo das Telefon stand. Eine Sekunde lang starrte er es an und überließ sich seiner wiederkehrenden Angst vor der Stille, dem Klingeln und dem dunklen Raum. Dann hob er den Hörer ab.

»Entschuldige, daß ich dich geweckt habe«, sagte die bekannte Stimme. »Aber ich kann nichts dafür.«

Federico C. verwarf all die Sätze, die er sich in den vergangenen Tagen zurechtgelegt hatte, und überließ sich der tröstenden Wärme der Stimme. Das Gespräch begann, als wäre es nie unterbrochen worden.

»Weißt du«, sagte die Frau, »seit Weihnachten kann ich dich nur noch nachts anrufen. Meine Krankheit ist in den letzten Tagen schlimmer geworden; seitdem kann ich tagsüber weder sprechen noch mich bewegen. Ich vertrage kein Tageslicht mehr und muß mich wie ein Tier im Dunkeln durch die Wohnung schleppen. Außerdem schäme ich mich, mich selbst anzusehen in diesen letzten Tagen, die ich noch zu leben habe ...«

»Ich verstehe immer noch nicht«, unterbrach sie Federico C., »warum du mir das erzählst, warum du mich überhaupt anrufst.«

»Dann sage ich's dir eben noch einmal«, meinte die Stimme eindringlich. »Weil es sonst zu spät wäre. Wenn ich nicht wüßte, daß es bald Zeit für mich wird, hätte ich weiterhin nichts gesagt, so wie ich ein Leben lang nichts gesagt und darauf gewartet habe, daß meine Zuneigung zu dir, diese absurde und ziemlich verrückte Leidenschaft, meine Krankheit, wenn du so willst, aufhört. Aber jetzt weiß ich, daß ich keine Ruhe finde, wenn ich sie, die lange genug in meinem Geist begraben war, allein mit in den Tod nehmen muß...«

Wieder trat jene Stille ein, die Federico schon kannte. Er hörte die Frau atmen, und sie hörte ihn atmen, und diese Vertrautheit ließ seine Hände zittern.

Die Unbekannte fuhr fort: »Schließlich bin ich auch ein bißchen deine Frau, Federico. Ich bin zwar nur mit deinem Bild verheiratet. Ich habe dich nie berührt, nie an deiner Seite gelebt. Aber ich war immer hinter dir, bin dir überallhin gefolgt wie ein Spion, habe mich geduckt, wenn du dich umwandtest und habe mich deswegen Tag für Tag geschämt. Irgendwie war ich länger, öfter, intensiver und beharrlicher an deiner Seite als jede Ehefrau.« Sie lachte. »Weißt du, daß dein Bild immer neben mir an meinem Bett steht? Meine Bekannten denken, daß wir beide wirklich mal zusammen waren; sie nehmen an, daß du mich verlassen hast oder daß ich dich verlassen habe oder daß du tot bist . . .«

»Bitte sag mir, ob es wirklich wahr ist«, unterbrach Federico ihren Redeschwall.

»Ob was wahr ist?«

»Alles, was du mir erzählt hast. Ich bin ein alter Mann und habe langsam das Gefühl, ich könnte selbst das Absurdeste für bare Münze nehmen und Hirngespinste mit irgendeinem konkreten Mitleid verwechseln . . .«

Die Stimme antwortete: »Du hast dich nicht geändert, Federico. Du redest immer noch so, wie du gelebt hast – ohne Hoffnung, und Hoffnung bedeutet auch, daß man anderen vertrauen muß. Du hast niemals einem anderen Menschen vertraut. Selbst deine Frau hast du nicht geheiratet, weil du sie wirklich liebtest und ihr vertrauen wolltest, sondern weil sie so egoistisch war wie du, weil du deinen Egoismus an ihrer Seite behalten und pflegen konntest. Du hast sie wegen ihrer Fehler geheiratet, denn wegen dieser Fehler brauchtest du ihr nicht zu vertrauen und konntest dich nach ein paar Jahren in die Einsamkeit zurückziehen, die du im Grunde ein Leben lang gewollt hast.«

»Hör auf. Das ist doch absurd . . .«, sagte Federico C.

»Nein. Bitte laß mich ausreden. So war es auch mit deinen Kindern. Du hast sie nicht an dich herangelassen, weil du Angst hattest, sie zu lieben, Angst, ihnen zuviel Vertrauen zu schenken und vielleicht eines Tages von ihnen enttäuscht zu werden. Genauso hast du dich im Berufsleben verhalten; deine Kollegen haben nie verstanden, warum du immer gegen dich selbst gekämpft hast. Im Grunde wolltest du auch im Berufsleben nicht erfolgreich sein, sondern scheitern und dich in dein Selbstmitleid zurückziehen . . .«

Sie sprachen noch lange miteinander. Federico C. erkannte seine Fehler, aber auch all das Gute, das gewesen war. Er sah ein, daß weder Leugnen noch Selbstmitleid halfen, sondern daß er sich bemühen mußte, sein früheres und sein gegenwärtiges Leben so zu sehen, wie es eben nun einmal war.

»Du hast mich einfach nicht bemerkt«, erklärte die Unbekannte, »so, wie du vieles andere nicht bemerkt hast.«

Schon dämmerte der Morgen. Von jenseits der Bäume, unter dem Fenster, warf das erste Licht einen zarten Schein auf Straße, Hügel und Horizont. Es war Federico, als hätte dieser Schein heute zum ersten Mal alles zum Klingen gebracht. Die Sonne kletterte langsam an den Hauswänden hoch. Federico fragte: »Wo bist du jetzt? Von wo aus rufst du an?«

»Ich kann dich sehen. Von meinem Bett aus sehe ich dein Fenster, und ich sehe dich. Ich betrachte dich aus der Ferne, wie ich es immer getan habe.«

»Ich bitte dich, sag mir doch wenigstens deinen Namen.«

»Nein, Federico«, erwiderte die Stimme, »ich habe es dir vorhin gesagt: Ich schäme mich, mich jetzt noch selbst anzusehen, und ich möchte auch nicht, daß du mich so siehst. Laß deinen Egoismus beiseite und versuche nicht, etwas zu erreichen, was keinen Sinn mehr hat.«

»Aber du rufst doch wieder an?«

»Ja, ich ruf dich an.«

Das Gespräch war beendet. Federico C. blieb noch einen Augenblick sitzen, den Kopf auf die Hände gestützt. Dann stand er auf und ging ans Fenster, wie er es am Abend zuvor getan hatte. Vor seinem Haus, gegenüber dem Platz, wo Gerüste für einen Neubau standen, lag ein großer Wohnkomplex; ein paar Fenster waren erleuchtet. Da wohnt sie also, dachte er, hier in meiner Nähe hat sie sich einquartiert, wie damals in dem Haus neben der Botschaft. Aber welches der vielen Fenster konnte es sein? Er sah sie prüfend an, eins nach dem anderen, und achtete auf jede kleinste Veränderung. Aber es tat sich nichts.

IV.

Draußen wurde es schneidend kalt. Federico C. stand spät auf, nicht nur, weil das Telefongespräch bis in den Morgen gedauert hatte, nein, es gefiel ihm auch, bei dieser eisigen Kälte noch möglichst lange im warmen Bett zu bleiben. Eigentlich hatte er heute früh arbeiten wollen, aber die paar Erledigungen waren nicht so wichtig, die konnten warten, es ging auch ohne ihn. Sonst hatte er es sich in den letzten Jahren zur Gewohnheit gemacht, auch die unwichtigsten Arbeiten pünktlich und genau zu erledigen; je gleichgültiger seine Arbeit seiner Umgebung war, desto mehr Eifer und Disziplin legte er selbst an den Tag.

Als er sich dem Büro näherte, wurden seine Schritte immer langsamer. Manchmal blieb er sogar stehen. Er atmete die saubere Schneeluft in tiefen Zügen ein; der lange Atemzug machte ihn schwindlig, vor seinen Augen tanzten bunte kleine Punkte wie Glühwürmchen.

Er trat ein und setzte sich an seinen Schreibtisch, ohne den Stapel Papiere zu beachten, der vor ihm lag. Er streckte die Beine aus, stützte das Kinn auf die gegeneinander gelegten Daumen, fixierte einen Punkt in seiner Umgebung und dachte über das nächtliche Telefongespräch nach. Er rief sich jedes Wort, jede Anspielung und jeden Atemzug ins Gedächtnis zurück, aber es war zwecklos, die Person am anderen Ende der Leitung blieb ihm verborgen wie ein weißer Fleck auf einer Landkarte, hinter weißen Fassaden und weißem Schnee.

Wer war dieser weiße Fleck? Wie sah das Gesicht dieser Frau aus, die für ihn genauso abstrakt war wie ihre Liebe zu ihm? Woher kam die geheimnisvolle Kraft, die von ihr ausging? Wie hatte die Unbekannte erreicht, daß er seine Vergangenheit, sein Leben besser verstand und daß er zum ersten Mal über seine Gefühle sprechen konnte, die ihm nun wieder lebendig erschienen? Egal, ob sie die Wahrheit gesagt oder gelogen hatte, ob sie nun wirlich existierte oder nur in seinen Träumen – Federico C. mochte diese unbekannte Stimme, wie man das Gesicht oder den Körper eines vertrauten Menschen mag, ohne Wenn und Aber, offen, ohne Zweifel und Vorbehalte. Er merkte es daran, daß er von morgens bis abends sehnsüchtig an diese Stimme dachte.

Federico C. und die Stimme hörten nun auf, über die Vergangenheit zu sprechen. Sie sprachen über die Jahreswende, über Rom, die überfüllten Läden, die Geschenke, die sie zum Dreikönigstag kaufen wollten und die, die sie bekommen würden, und es gelang der Unbekannten, die schmerzliche Vorahnung, die sie in den beiden ersten Telefonaten geäußert hatte, zu vergessen. Aber kaum war die Unterredung beendet, ging Federico C., seinem inneren Drang folgend, wieder ans Fenster, um zu sehen, woher die Stimme kam. Seine Neugier oder, wie die Stimme ihm vorwarf, sein Egoismus ließ ihm keine Ruhe.

Er fühlte das Bedürfnis, etwas zu tun, das Inkognito der Stimme, deren unsichtbare Fangarme ihn immer mehr gefangen nahmen, zu lüften, sie ganz kennenzulernen. Vielleicht konnte man aus dem Telefonbuch ersehen, welche Personen unter der Hausnummer des Gebäudes eingetragen waren? Es war die erste konkrete Entscheidung, die er traf, seit die ganze Sache begonnen hatte. Bisher hatte er aus Angst vor der Wahrheit – gleich, wie sie aussehen mochte – jede Nachforschung vermieden. Aber jetzt wollte er endgültig Bescheid wissen, ob es die Frau gab, wollte ihren Vor- und Nachnamen und ihre Nummer herausbekommen. Er las die Liste im Telefonbuch mehrmals und rief willkürlich eine der angegebenen Nummern an. Ein Hausmädchen meldete sich; Federico C. fragte zögernd nach der Dame des

Hauses. Nach langem Warten meldete sich eine Dame mit dunkler, jugendlicher Stimme und südlichem Akzent. Federico C. stammelte eine Entschuldigung und legte auf.

Unruhig und ängstlich wählte er eine zweite Nummer. Er hatte das Gefühl, etwas Verbotenes zu tun, auf niedere, profane Weise ein erhabenes Geheimnis zu entweihen. Diesmal meldete sich eine Männerstimme. Federico fand nicht den Mut, sich abermals zu entschuldigen und legte einfach auf. Er wählte noch eine dritte Nummer, aber bevor das Gespräch ankam, hängte er wieder ein. Es war zwecklos.

Er stand auf und ging unruhig hin und her. Obwohl es früher Nachmittag war, hatte er die Jalousien geschlossen, wie ein Dieb, aus Angst, von den beiden Augen, die ihn seit so vielen Jahren beobachteten, beim Verrat ertappt zu werden.

Aber dabei ließ er es nicht bewenden. Ein paar Stunden später, als es auch draußen dunkel war, zog er seinen Mantel an und ging hinunter auf die Straße. Er überquerte den Platz. Die spärlich angebrachten Lampen zwischen den schneebedeckten Baugerüsten zeichneten gespenstische Muster auf seinen Mantel. Er lief an dem ausgehobenen und planierten Baugelände, auf dem ein paar verlassene Bagger im frisch gefallenen Schnee standen, vorbei und weiter zu dem großen Wohngebäude.

Er befand sich in einem großen, viereckigen Hof. Er hob den Kopf und zermarterte sich das Gehirn auf der Suche nach irgendwelchen brauchbaren Hinweisen, die sie ihm am Telefon vielleicht gegeben hatte. Aber es gab keine. Auf allen vier Seiten sah man nur gleichmäßiganonyme Reihen von Fenstern, und auch die Stimmen, die er ab und zu hörte, waren ihm völlig unbekannt. Wie ein Tourist, der zwischen lauter großen Bergen steht, drehte sich Federico auf der Stelle und starrte hinauf, aber da war nur der blaue, sternenklare Himmel.

Zu seiner Rechten und zu seiner Linken befanden sich

Treppen, die einander genau gegenüberlagen. Federico ging die linke Treppe hinauf, aber schon nach wenigen Schritten kam ihm ein Mann entgegen.

»Wer sind Sie? Zu wem wollen Sie?« fragte der Mann mißtrauisch.

Federico C. wußte nicht, was er antworten sollte. Offensichtlich war der Mann ein Portier oder Hausverwalter. Federico senkte die Stirn und machte auf dem Absatz kehrt. Ohne ein Wort verließ er das Grundstück.

V.

Er entschied sich für die Möglichkeit, seinen eigenen Telefonanschluß überprüfen zu lassen. Als man ihn fragte, um welche Art Anrufe es sich handele, sagte Federico C.: »Lästige«. Er hatte ein unangenehmes Gefühl im Bauch, als er das angab, aber er sagte sich, wenn sie die Nummer herausgefunden hätten, könnte er sich immer noch irgendwie herausreden, seinen Verdacht mit seinem Alter entschuldigen und die Behörde um Einstellung der Anzeige bitten. Einem alten Mann wie ihm würde man ohne weiteres glauben, daß er sich geirrt hatte.

Er unterschrieb den Antrag und ging nach Hause zurück. Nun blieb ihm nichts anderes übrig als abzuwarten. Unruhig wanderte er zwischen seinen beiden Zimmern hin und her, ging ans Fenster – nicht mehr, um zu spionieren, sondern um sich zu zeigen, um einen Anruf zu provozieren. Er machte alle Lichter an und stellte sich deutlich sichtbar hinter die Scheibe; er hoffte, wenn sie ihn so sah, würde sie bestimmt bald anrufen.

Minutenlang stand er so da, bis er es nicht mehr aushielt und erneut zwischen den Bücherstapeln hin- und herlief. Bevor er sich vom Fenster entfernt hatte, hatte er den Arm in Kopfhöhe gehoben und leicht mit der Hand gewinkt. Dieses Winken war eine unbewußte Geste der Begrüßung und der heimlichen Verständigung gewesen, und als er sich ihrer bewußt wurde, jedoch hinter den dunklen Fenstern drüben keine Antwort sah, fuhr es ihm kalt den Rücken herunter. Jetzt tat ihm die automatische Geste leid, er fand sie albern und zu pathetisch . . .

Und wenn das alles doch ein Hirngespinst war? Wenn er sich das in seiner Verrücktheit bloß ausgedacht hatte? Vielleicht war er der Verrückte, nicht die unbekannte Frau . . . Vielleicht hatte das starke, ungestillte Bedürfnis nach Liebe, das nach den ersten Anrufen in ihm geweckt worden war, bei ihm, der sich seit Jahren nach einer wirklichen Liebesbeziehung sehnte, übertriebene Wünsche ausgelöst . . .

Er ließ sich in den Lehnstuhl fallen. Es hatte keinen Sinn mehr, Fragen zu stellen. Bald würde er Bescheid wissen. In wenigen Stunden. Stunden, die vielleicht so entscheidend waren wie sein ganzes bisheriges Leben. Er zwang sich zur Ruhe. Nur so würde er die lange Wartezeit durchstehen. Er fühlte, wie seine Haut an den Schläfen ganz starr und kalt wurde, genau wie seine Hände auf den Knien.

Er verfiel in einen seltsamen Dämmerzustand, der ihn von der Wirklichkeit trennte, ohne seine Aufmerksamkeit zu beeinträchtigen. In diesem meditativen Zustand hielt Federico C. es stundenlang aus, ohne zu leiden, ähnlich, wie ein Patient unter lokaler Betäubung ohne Schmerzen seiner eigenen Operation zusieht.

Das Telefon klingelte sehr spät, mitten in der Nacht. Federico C. hob den Hörer ab und lauschte auf die gewohnte Stimme; aber diesmal zählte nicht so sehr, was sie sagte. Wichtig war allein der mechanische Kontakt zwischen den zwei Anschlüssen, die Tatsache, daß die moderne Technik jetzt endlich Klarheit in diese mysteriöse Angelegenheit bringen würde.

Die Stimme flüsterte: »Federico . . .«

Dann verstummte sie. Sie wiederholte seinen Namen einmal, zweimal, aber diesmal ohne Ausdruck und mit keuchendem Atem, unter äußerster Anstrengung.

»Hallo?« rief Federico C. »Hallo!«

Das Röcheln hörte auf. Am anderen Ende war kein Laut mehr zu hören. Ungeduldig legte Federico C. auf. Er hoffte auf das andere Telefongespräch, das ihm das Ergebnis der Abhöraktion mitteilen würde.

Der Anruf kam in den ersten Morgenstunden. Federico konnte endlich Namen und Nummer der Anruferin notieren – sauber und mit großen Buchstaben, wie er es als Archivar gewohnt war. Er legte den Stift nieder, nahm das Blatt und las mehrmals halblaut den Namen: »Cecilia ...« Er streckte die Hand aus; sein Zeigefinger berührte die Wählscheibe, aber dann zog er die Hand wieder zurück. Das Gefühl war noch zu stark. Es war besser, noch etwas zu warten und dann gleich hinunterzugehen, mit dem Blatt in der Tasche. Zum Haus zu gehen, die Treppen hinaufzusteigen, an der Tür zu klingeln ...

Eigentlich hatte er erst am Nachmittag hingehen wollen, aber warum sollte er so lange warten? Warum nicht sofort? War es nicht besser, gleich persönlich miteinander zu sprechen und den nächsten Anruf, von dem ihn ja sowieso nur noch wenige Stunden trennten, vorwegzunehmen?

Federico C. ging denselben Weg, den er vor kurzem erst gegangen war. Erneut überquerte er den Platz, ging an den Baugerüsten und den spärlich aufgehängten Lampen vorbei, die im Wind schwankten, und stand in demselben rechteckigen Innenhof. Wieder umspielten Schatten seine Schultern. Aber diesmal wußte Federico C. genau, was er zu sagen und nach wem er zu fragen hatte.

Am Eingang, am Fuß der langen Treppe, stand der Portier. Federico nannte den Namen der Frau. Der Mann zuckte zusammen, zögerte und sagte schließlich: »Gehen Sie nur hinauf, die Haushälterin ist oben ...«, und kurz darauf: »Waren Sie mit ihr verwandt?«

»Was heißt ›waren‹?« fragte Federico auf halber Treppe. Der Portier, der jetzt unter ihm stand, war wie er nur noch ein Schatten am eisernen Geländer, eine Spirale tiefer.

»Die Signora ist tot. Sie haben sie heute nacht ins Krankenhaus gebracht. Sie ist unterwegs gestorben.«

Federico C. senkte den Kopf. Es war, als hätte ihm jemand einen Keulenschlag verpaßt. Mechanisch, von einer fremden Kraft getrieben, die außerhalb seines Körpers lag, ging er weiter. Bald hatte er das richtige Stockwerk erreicht.

Die Wohnungstür war angelehnt. Federico trat ein. Er ging durch einen engen, dunklen Flur und kam in ein Zimmer, in dem nur ein großes Bett und ein Schrank standen. Stapel frischer Wäsche lagen auf dem Teppichboden; es roch penetrant nach Medizin. Er sah sich um. Auf dem rechten Nachttisch stand das Telefon, das verdrehte und verknotete Kabel führte direkt in die Wand. Er trat ans Fenster. Die Vorhänge waren zugezogen, aber gegenüber, auf der anderen Seite des Platzes, konnte man sein Haus sehen, einen großen gelblichen Fleck.

Erst jetzt sah Federico die junge Frau. Sie saß auf einem Stuhl und starrte mit leeren Augen auf das große Bett. Federico ging auf sie zu. Zuerst schien sie sich nicht einmal über seine Anwesenheit zu wundern. Dann fragte sie: »Wer sind Sie? Was wollen Sie hier?«

Federico sah sich noch einmal um und machte eine letzte Entdeckung. Da hinten, auf einem Tischchen, stand ein Foto von ihm in einem silbernen, eckigen Rahmen. Er war zwanzig und lächelte; es war ein heimlicher Schnappschuß, kein gestelltes Porträt. Er betrachtete das Mädchen kurz und sagte, zum Hausmädchen gewandt: »Entschuldigen Sie, ich möchte nichts. Ich bin niemand. Es hat sich erledigt.«

Innen neben der Wohnungstür hing ein großer Kalender, obenauf das halb zerrissene Blatt von Weihnachten. Federico riß es ab, und die restlichen darunter auch, bis der weiße Verputz zum Vorschein kam. Ein neues Jahr begann.

Als er auf die Straße trat, merkte er, daß es wieder schneite. Ein rauher Wind pfiff um die Ecken und peitschte ihm den Schnee ins Gesicht.

NEUNTES KAPITEL

HEIMKEHR VON DER FRONT

Federigo Tozzi
Das Weihnachtsschwein

Bis zum Weihnachtsfest fehlten nur noch zwei Tage. Der Himmel war grau verhangen, und es konnte durchaus sein, daß es regnen würde. So dachte auch Gano, und er wußte nicht, ob er das Schwein unter der Remise oder auf der Tenne schlachten sollte, wo es mehr Platz gab.

Doch Gesualda, seine Schwägerin, die auf die Rückkehr ihres Mannes Fiore aus dem Bezirkskrankenhaus wartete, überzeugte ihn, auf die Tenne zu gehen. Sie hätte ihm nicht helfen können, weil sie das Kind stillen mußte, aber vom Nachbarhof waren eigens zwei Männer herübergekommen.

Gano öffnete das Tor des Pferchs, und das Schwein kam heraus im Glauben, daß man ihm noch einen Eimer mit Weizenkleie zu fressen geben wollte. Es war so fett, daß es sich kaum bewegen konnte, ja, man mußte es sogar mit der Peitsche schlagen, damit es sich auf den Beinen hielt: bei jedem Schritt fiel es hin. Die beiden Männer fesselten es an den Füßen. Um das nicht mit ansehen zu müssen, ging Gesualda weiter weg; aber dennoch hörte sie das Grunzen, und sie empfand Mitleid.

Einer der Männer nahm eine Schüssel, um das Blut aufzufangen, und Gano nahm das geschliffene Messer.

Ein wenig später hörte das Grunzen auf, und das Schwein, dessen Füße nun wieder frei waren, lag ausgestreckt auf der Tenne. Die Mischlingshündin hatte jetzt keine Angst mehr, näher zu kommen, und beschnupperte es bellend.

Die Männer nahmen einen anderen Strick und hängten das Schwein zwischen zwei Zypressenstämmen mit dem Kopf nach unten auf. Danach begannen sie, seine Borsten zu entfernen: einer von ihnen schüttete kochendes Wasser über das Schwein, und die anderen schabten es schnell ab. Die Haut wurde rosig und dampfte. Danach weideten sie es vermittels eines geraden Schnitts aus.

Die Hunde der anderen Bauern wurden vom Geruch des Fleisches angelockt und kamen aus allen Richtungen herbeigelaufen. Die Hündin biß auf sie ein, weil sie die Blutlachen allein auflecken wollte; jetzt, wo das Blut erkaltet war, troff es in Fäden zwischen den Zähnen des Schweinerüssels herunter. Gesualda sah sich das im Eimer aufgefangene Blut an. Es war gut, beinahe schwarz.

Auch die Bauern waren davon bespritzt worden, und es gelang ihnen nicht, die Hunde fortzujagen, die auch sie ablecken wollten. Nachdem die Männer den Schnitt mit den Händen geweitet hatten, fielen die Innereien von selbst heraus, und Gano breitete sie auf einem Brett aus, um sie anschließend zu waschen.

Sie lösten die Leber und die Lungen heraus und banden sie mit einem Stück Schnur an eine andere Zypresse. Dann trennten sie den Kopf ab. Jetzt mußte das Schwein nur noch gevierteilt werden, doch Gesualda wollte, daß sie damit auf Fiore warteten.

Er hätte schon längst da sein müssen! Sie schaute die Straße hinunter, indem sie sich mitten in die Sträucher drängte, um so von dort aus bis zur Biegung sehen zu können. Fiore mußte mit dem Postwagen von Monteroni eintreffen oder möglicherweise auch zu Fuß.

Aber zu sehen war nur der Mann von der Straßenmeisterei, der Steine aufsammelte, um sie dann auf den Schlamm zu legen. Und wenn es anfing zu regnen? Gano wollte nicht länger warten. Als er zu seiner Schwägerin hinübersah, schüttelte er den Kopf. Aber bei ihr konnte man sowieso niemals recht behalten!

Auch die beiden Männer hatten es eilig und waren gespannt darauf herauszufinden, wieviel Fleisch und Fett das Schwein erbrachte. Sie hatten nämlich eine Wette

abgeschlossen, wer die richtige Menge erraten würde. Sie befühlten das Fleisch und strichen mit ihren Händen darüber, sie steckten ihre Finger in den Schnitt, um die Rippen zu betasten, sie nahmen den Schweinskopf in ihre Hände und besahen die roten Lungen, die an der frischen Luft zu trocknen begannen. Gesualda wollte, daß Fiore alles Weitere übernahm, weil er sich besser darauf verstand und weil sie wußte, wieviel Freude es ihm machen würde. Doch auch ihr kam es jetzt so vor, als müßte sie noch tausend Jahre auf die Verkostung des Fleisches warten, und die Gier bemächtigte sich ihrer immer stärker. Hätte sie nicht das Kind an ihrer Brust getragen, wäre sie Fiore entgegengelaufen!

»Was sollen wir tun, Gano?«

»Es wäre natürlich besser gewesen, wenn wir auf meinen Bruder gewartet hätten, aber da wir sowieso nicht auf ihn gewartet haben, ist es besser, daß wir die Sache zu Ende bringen. Sonst sind wir am Mittag noch immer hier. Wenigstens die Schinken hätten wir schon einsalzen können! Das mußt du zugeben, Gesualda!«

Die beiden Männer wollten nichts sagen und blieben stumm, fluchten aber gleichwohl im stillen.

Da fing die Frau an zu weinen. Darüber geriet Gano in Zorn und sprach kein Wort mehr mit ihr, um nicht grob zu werden. Gesualda sah sein Gesicht und hatte Angst.

Gano sagte: »Und wenn es zu regnen anfängt?«

Er ließ seine Wut an den Hunden aus und warf mit Steinen und zerbrochenen Ziegeln nach ihnen.

Der Wind brachte die Zypressen zum Ächzen, an denen das Schwein aufgehängt war, das ganz leicht hin und her schaukelte.

Schließlich sah auch die Frau ein, daß man mit der Arbeit weitermachen müsse; und nachdem sie das Kind in ein Strohkörbchen gelegt hatte, ging sie den Männern zur Hand.

Sie brachte die prächtigen Fleischbrocken in ihrer Schürze ins Haus und verschloß augenblicklich die Türe, damit keine Katzen hereinkommen konnten. Sie geriet ins Schwitzen, als sie die Treppen hinauf und herunter stieg, doch das Fleisch war dermaßen viel, daß sie den ganzen Tag hätte weitermachen können, ohne Müdigkeit zu spüren.

Die Männer priesen das Schwein: Es hatte wirklich gewaltige Schenkel und war durch und durch gesund. Gesualda hatte ihren Mann fast vergessen!

Fetter Speck und mageres Fleisch: die ganze Küche war voll damit. Doch als sie die Arbeit hinter sich gebracht hatten und Gesualda ihr Kind wieder auf den Arm nahm, schlug sie sich mit der Hand an den Kopf: »Und mein Fiore?«

Und wieder begann sie, ihn mit einer solchen Ungeduld zu erwarten, daß sie wie betäubt war. Sie konnte keine Minute ruhig bleiben und hätte sich am liebsten auf die Tenne gestürzt.

Dann blieb sie stehen, stellte sich auf ihre Zehenspitzen, reckte den Hals und horchte, ob kein Wagen kam. Nichts, gar nichts! Die Straße war im Nebel wie ausgestorben. Fiore war in den Krieg gezogen, bevor das Mädchen geboren war, und wer weiß, wie er reagieren würde, wenn er es zum ersten Mal sah. Es war ein schönes, rundliches Mädchen, dem unter der kleinen Mütze schon ein feiner Haarschopf hervorquoll. Es versuchte auch schon zu sprechen, brachte jedoch nur Speichel hervor.

Gesualda mußte ihr den Mund mit dem Taschentuch abwischen, damit nicht auch das Lätzchen und das saubere Kleidchen durchnäßt würden.

»Der Papa kommt! Der Papa kommt! Jolanda! Weißt du's noch nicht, daß der Papa kommt? Kennst du ihn noch nicht, deinen Papa? Du wirst sehen, wie schön er ist! Du mußt den Papa anlächeln! So, ja so! Du Goldschatz!«

Und das kleine Mädchen bewegte sich lebhaft in seinen Windeln, bis es dann mit offenem Mund ein Lächeln hervorbrachte, das tief innen in der Kehle begann.

Endlich hört man ein dumpfes Geräusch: gewiß ein Wagen. Ob er darin sein wird?

Gesualda zwängt sich durch die Sträucher und weiter auf die Straße. Der Wagen hält an: zwischen den beiden Planen des Wagens hat eine Hand dem Fahrer ein Zeichen gegeben, der mit dem Kopf andeutet, daß er verstanden hat. Der Wagen steht still. Gesualda läuft mit stockendem Herzen hinüber.

»Fiore!«

Er weiß nicht, ob er zuerst seine Frau umarmen oder das Kind nehmen soll, und so umarmt er sie alle beide. Aus dem Wagen schaut man ihnen zu und grüßt.

Fiore aber hat ein Bein, das nicht zu dem anderen zu passen scheint.

Seine Frau bemerkt das und wird bleich, ohne aber wirklich zu begreifen. Da klopft Fiore mit einem Stock, den er in seiner Hand hält, dagegen und sagt mit unsicherem Lächeln: »Das hier ist aus Holz!«

Seine Frau wird noch bleicher, und das Kind entgleitet beinahe ihren Armen.

»Ich hab dir nichts davon geschrieben, weil du dir sonst wer weiß was vorgestellt hättest!«

»Heilige Madonna, und was soll jetzt werden?«

»Ich kann trotzdem gut laufen, ich kann sogar damit arbeiten.« Gesualda war davon nicht sonderlich überzeugt. Und als der erste Schrecken vorüber war, fing sie an zu weinen.

»So beruhige dich doch! Sieht so etwa der Empfang aus, den du mir bereitest?« fragte er sie lächelnd.

Da umarmte ihn seine Frau noch einmal und wollte ihn nicht mehr loslassen. Sie sagte: »Siehst du, wie deine Jolanda aussieht?«

»Wird sie noch gestillt?«

»Ja, aber sie fängt auch schon an, Brei zu essen.«

Fiore kitzelte Jolanda am Kinn, doch sie lächelte nicht.

»Das ist der Papa, verstehst du?«

Er sah ihr in die Augen und war glücklich. Da nahm er sie und küßte sie überallhin. Aber er wollte gleich sehen, wie sie beschaffen war. Gesualda nahm dem Kind das Mützchen ab, da küßte Fiore ihm die Haare. Danach löste sie dem Kind auch die Windeln, und er betrachtete es im ganzen.

Er nahm die Füßchen, legte seine Hand auf den Nabel, und das Kind begann zu strampeln.

»Sie friert! Du kannst sie nachher noch sehen; im Haus ist der Herd angezündet.«

»Du hast recht: deck sie wieder zu.«

Jetzt lachte das Kind und strampelte in alle Richtungen, so als wolle es sich aus den Windeln befreien.

»Halt! Du tust dir weh!«

Und Fiore sagte: »Sie ist kräftig wie ein junges Kälbchen! Und dir ist es immer gut ergangen?«

»Gott sei Dank, ja. Aber ich habe mir deinetwegen

solche Sorgen gemacht, daß ich lieber selbst krank geworden wäre!«

Gano hatte die Stimme seines Bruders gehört und kam, laut mit den Holzgaloschen klappernd, die Treppe herunter. Sie schüttelten sich die Hände und umarmten sich. Die beiden anderen Männer grüßten Fiore mit hochgekrempelten Hemdsärmeln oben von der Loggia herunter.

Gano sagte: »Bist du wieder ganz gesund?«

»Ich bin zufrieden.«

»Von wegen gesund!« rief Gesualda.

Da erzählte Fiore alles: Er war von einer Handgranate verwundet worden, und so hatte man ihm das Bein abnehmen müssen. Doch ein außerordentlich tüchtiger Professor in Rom hatte ihm ein Holzbein gemacht und ihm beigebracht, wie man damit umgeht, als wäre es das eigene. Dort waren auch Gräfinnen und Baroninnen, die brachten Blumen und halfen den Soldaten beim Gehen, solange diese noch kein Holzbein hatten. Fiore erzählte dies alles mit einer Dankbarkeit, die ihn zufrieden stimmte. Und dann sagte er: »Übrigens muß ich an eine von ihnen schreiben, um ihr zu sagen, wie es mir geht. Sie hat mir ihre Adresse gegeben.«

Und er zog aus seiner Tasche eine Visitenkarte hervor, die ganz zerknittert war.

Als er aber sah, daß seine Frau und sein Bruder noch immer nichts sagten, fügte er hinzu: »Außerdem werde ich trotzdem arbeiten wie zuvor. Das ist das wichtigste für uns und unseren Hof. In Rom, wo sie mir dieses Bein verpaßt haben, habe ich auch gelernt, Gartenarbeit zu verrichten. Hier, ums Haus herum, ist die Erde frisch und gut, auch für die Blumenzucht. Und außerdem ist es eine Südlage. Glaubt ihr etwa nicht, daß ich arbeiten kann? Jetzt seht erst einmal, wie ich gehe!«

Er warf den Stock weg und ging durch die ganze Tenne. Dann kam er zurück.

Seine Frau traute sich nicht, zu lächeln.

Fiore sagte: »Nun verärgert mich bloß nicht! Ich sage euch, das Bein funktioniert prächtig!«

Und Gano antwortete: »Dann wollen wir auch nicht mehr darüber sprechen!«

Fiore fragte: »Was tun die beiden Männer hier?«

Gesualda verbarg ihr Gesicht hinter dem kleinen Kind und hätte nicht den Mut gehabt, ihm zu antworten. Doch Gano, obwohl auch er sich innerlich nicht ruhig fühlte, antwortete: »Vorhin haben wir das Schwein geschlachtet!«

Fiore drehte sich abrupt herum und streckte seinen Arm aus: »Ohne daß ich gesehen habe, wie es lebendig aussah!«

»Ich hatte die Männer bereits rufen lassen, daß sie helfen sollten! Und dein Wagen hatte Verspätung.«

»Das stimmt, aber ich hätte es gerne selber geschlachtet. Und warum hast du, Gesualda, ihnen nicht gesagt, daß sie warten sollten?«

Seine Frau zitterte und hielt den Blick gesenkt.

Da sagte Gano: »Sie hat keine Schuld, sondern ich. Aber warum kommst du denn nicht ins Haus und siehst dir an, wieviel Fleisch es gebracht hat?«

Fiore stieg vor den anderen hinauf: eigentlich wollte er schimpfen, doch dann berührte er mit zitternden Händen all die Fleischklumpen und dachte bereits an die Mengen von Bratwürsten und Salami, die dabei herauskommen würden.

Gesualda stand hinter ihm. Die drei Männer sahen ihn an und erwarteten, daß er ein paar Flüche ausstoßen würde.

Doch die große Fleischmenge hatte Fiore besänftigt, und, zu seiner Frau gewandt, sagte er: »Heute brätst du für jeden von uns hier ein Kotelett. Dieses Jahr werden wir ein fettes Weihnachtsfest haben.«

Und auch er weinte gerührt.

Nino Piccione
Weihnachten 1918

Der Sieg der Liebe über den Tod – das war Weihnachten für meinen Vater. So hat er dieses Fest immer erlebt. Und er wußte, was das bedeutete, denn im ersten Weltkrieg war der Tod sein ständiger Begleiter. Die Monate an der Front, die Sturmangriffe auf die feindlichen Schützengräben vergaß er nie. Junge Männer wie er, die neben ihm im Kugelhagel starben, bevor sie noch richtig zu leben begonnen hatten, zerfetztes Fleisch, verdrehte Glieder und brechende, fragend gen Himmel gerichtete Augen, Menschen, die mit ausgestreckten, starren Armen und mit dem Gesicht nach unten in Blut und Dreck lagen – der Tod hatte viele Gesichter, und mein Vater lernte sie alle kennen.

Er kam ins Gefängnis, erduldete Hunger, Zwangsarbeit und alle nur denkbaren Schikanen, aber schlimmer als alles andere war die Sehnsucht nach seiner jungen Frau, ein innerer Schmerz, der ihn mehr als der Hunger quälte. Bei Kriegsende befand er sich in Leningrad und erlebte das Auflodern der russischen Revolution: er sah Männer, Frauen und Kinder kämpfen, Russen gegen Russen, blutrote Fahnen und mit Leichen übersäte Straßen.

Der Zug, der die befreiten italienischen Kriegsgefangenen nach Hause bringen sollte, fuhr durch ein geplündertes, verbranntes, abgestorbenes Land. Jedesmal, wenn er bergauf fahren mußte, drehten die Räder durch, und die überlastete Lokomotive schnaufte bedrohlich. Düster war nicht nur die zerstörte Landschaft, durch die sie fuhren, düster war auch die Stimmung der Italiener. Einer von ihnen schrieb ein paar Zeilen auf ein Blatt, die im ganzen Zug herumgereicht wurden und die Stimmung aller wiedergaben. Sie lauteten:

»Verdammte Österreicher,
Ihr unwürd'ge Nation,
Ihr habt uns nichts gelassen
Als Rachedurst und Hohn.«

Nach etlichen Tagen und Nächten erreichte der Zug die italienische Grenze. Viele der Insassen waren krank und mußten erst ein paar Wochen in den nahe gelegenen Krankenhäusern versorgt werden, bevor sie nach Hause fahren konnten. Ein paar von ihnen verkrafteten die Strapazen der Reise nicht und starben nun, wo alles vorbei war – eine grausame Ironie des Schicksals. Mein Vater war unter denjenigen, die eine Zeitlang im Hospital bleiben mußten; er schrieb von dort aus meiner Mutter zärtliche Briefe, und als man ihn schließlich entließ, nahm er den ersten Zug in Richtung Süden.

In der Nacht vom 23. auf den 24. Dezember kam mein Vater in Catania, im Osten Siziliens, an. Von hier bis zu seinem Dorf waren es noch fünfzig Kilometer, die er ohne Verkehrsmittel zurücklegen mußte. Aber was sind schon fünfzig Kilometer, wenn man weiß, daß man seine Lieben bald wieder in die Arme schließen kann? Er verabschiedete sich von seinen Kameraden und einigte sich mit einem von ihnen, der denselben Weg hatte, sogleich zu Fuß den Heimweg anzutreten.

Die Nacht war frostig, aber sie spürten die Kälte nicht. Sie kamen schnell voran, denn jeder von ihnen hatte nur das Notwendigste in einem kleinen Tornister dabei. Im Morgengrauen erreichten sie die weite, saftig grüne Ebene, die mit ihrer Ruhe und Einsamkeit die ländliche Heimat ankündigte. Nach einiger Zeit sahen sie einen Einödhof. Als sie näher traten, zerriß Hundegebell die Stille. Ein Fenster ging auf, und ein altes runzliges Männergesicht zeigte sich.

»Guten Tag«, sagte mein Vater. »Wir sind Soldaten, die aus der Gefangenschaft nach Hause zu ihren Familien zurückkehren. Dürfen wir uns bei Euch etwas ausruhen?«

Wortlos schloß der Mann das Fenster. Es war still, nur der Hund bellte noch. Mein Vater und sein Kamerad sahen einander traurig an. Sie wollten schon ihre Tornister, die sie abgestellt hatten, wieder aufnehmen, da ging die Tür auf, und der Alte mit dem runzligen Gesicht stand vor ihnen.

»Ist gut«, sagte er. »Kommt rein.«

Sein Gesicht sah aus der Nähe betrachtet noch älter und faltiger aus, der Rücken war von lebenslanger schwerer Arbeit ganz krumm. Der Mann trug einen verblichenen braunen Mantel auf den schmalen Schultern und eine Wollmütze auf dem Kopf. In der Stube war es warm, und es herrschte ein beißender Geruch. Der Raum war Wohnzimmer und Speisekammer zugleich – in den Ecken hingen Säckchen mit Mandeln, Bohnen und Kichererbsen, und an zwei Wänden waren Schnüre befestigt, an denen Salamis, Räucherschinken, Caciocavallo-Käse, Zwiebeln, Knoblauch, Rosinen und reihenweise getrocknete Feigen baumelten. Ein roh gezimmerter Tisch und ein paar einfache Schemel machten die spärliche Einrichtung des Zimmers aus.

»Setzt euch«, sagte der Mann, »ich mach euch was zu essen.«

Er stammte aus einem Ort in Mittelsizilien und kannte sie nicht. Er war allein; die Bewohner des nahe gelegenen Dorfes seien alle über die Feiertage zu ihren Verwandten gefahren, sagte er. Offenbar hatte er niemanden mehr; das Häuschen und sein Hof waren seine ganze Welt.

Mein Vater und sein Reisegefährte stärkten sich mit Brot, Käse und starkem Rotwein. Anschließend gaben sie ihrem Gastgeber die Hand.

»Danke. Das werden wir Euch nie vergessen.«

»Ist doch klar. Alles Gute für euch und eure Familien – die werden sich sicher freuen, wenn ihr schon an Weihnachten heimkommt.«

Nach einigen weiteren Stunden hatten sie es fast geschafft. Nun waren sie nur noch gut zehn Kilometer von ihrem Heimatort entfernt. Diese Aussicht verlieh ihnen neue Kraft. Inzwischen war es Nachmittag geworden. Sie bogen in die lange Straße ein, die zunächst eben, dann bergauf zu ihrem Dorf führte.

Plötzlich zog ein Unwetter auf. Der Himmel wurde schwarz, dichte Wolken senkten sich auf die Tiefebene herab, einfach alles wurde schwarz. Selbst der Ätna spie schwarzen Rauch aus, und das Dunkelgrün der Zitruspflanzen, die hier zahlreich wuchsen, wirkte jetzt wie eine dicke schwarze Mauer. Ein heftiger Wind schüttelte die Bäume, Blitze zuckten über den Himmel, und ein sintflutartiger Regen setzte ein.

Die beiden Männer liefen, so schnell sie konnten. Sie wollten unter einer Brücke Deckung suchen, die sie von fern gesehen hatten, aber bis zur Brücke war es noch sehr, sehr weit. Sie knickten ein, rutschten im knöcheltiefen Schlamm aus, rappelten sich auf und liefen weiter. Endlich erreichten sie die Brücke. Sie kletterten die Böschung hinunter und kauerten sich hin. Das Flüßchen unter ihnen begann sich in einen reißenden Strom zu verwandeln. Halb ohnmächtig vor Müdigkeit und Schrecken ließen sie sich fallen, um im Trockenen etwas Luft zu schnappen. Aber der schwarze, gurgelnde Fluß schwoll bedrohlich an. Sie bekamen Angst.

»Hier sind wir nicht sicher!« rief der Gefährte meines Vaters. Mein Vater antwortete beschwichtigend: »Warten wir noch ein bißchen. Vielleicht hört dieses Inferno bald auf.«

Aber der Fluß schwoll weiterhin an, und seine sturmgepeitschten Wellen schlugen wuchtig gegen die schmalen hölzernen Brückenpfeiler, die bei jedem Anrollen der Wassermassen ächzten und stöhnten.

Die Männer begriffen, daß ihre Lage unter der Brücke aussichtslos war. Sie warteten, bis der Sog der Wellen sie von der Brücke wegtrug, ließen sich in den Bach gleiten und standen bis zum Gürtel in den Fluten. Sie stützten einander gegenseitig und kamen nur unter äußerster Anstrengung gegen die starke Strömung an. Wasser und Wind peitschten auf sie ein, ihre Beine steckten tief im Morast und waren schwer wie Blei, sie sahen wie zwei Gespenster aus.

Ein donnerndes Geräusch schreckte sie auf. Sie sahen sich um. Die Brücke, unter der sie eben noch Schutz gesucht hatten, knickte ein und stürzte in die tosenden Wassermassen.

»Ich kann nicht mehr«, stöhnte der Gefährte meines Vaters.

Mein Vater schrie verzweifelt: »Ich auch nicht! Aber wir müssen hier raus, wenn wir nicht ersaufen wollen! Da drüben beginnt die Böschung!«

Sie schleppten sich weiter, so gut es ging. Schließlich merkten sie, daß ihre Beine nicht mehr so schwer waren, daß sie also festeren Boden erreicht haben mußten. Sie gelangten ans Ufer, die Erde wurde steinig, und es ging bergan. Ein Blitz, der über den Himmel zuckte und die gesamte Landschaft für kurze Zeit taghell erleuchtete, zeigte ihnen, daß ein paar hundert Meter weiter ein ärmliches Häuschen stand. Mit letzter Kraft eilten sie dem neuen Ziel zu. Sie klopften an die Haustür, die einmal leuchtend rot gewesen und nun durch die vielen Unwetter zu einem traurigen Rosa verblichen war. Es kam keine Antwort. Einer der Männer stieß die Tür mit der Schulter ein. In dem Häuschen lagerten Heu und Stroh. Die Männer nahmen ein paar Armvoll, verteilten es über den Boden und warfen sich darauf wie tot. Mein Vater bekam einen Nervenzusammenbruch und weinte. Da weinte auch sein Kamerad, und beide wiederholten ständig: »Wir sind gerettet! Wir sind gerettet!«

Sie ruhten ein Weilchen aus und marschierten dann weiter. Schließlich erreichten sie ihren Heimatort. Spärlich aufgestellte Azetylenlampen erleuchteten hie und da die schmalen, dunklen Gassen ihres Dorfes. Wind und

Regen hatten an Heftigkeit verloren, und es war überall seltsam still.

Die beiden Männer trennten sich. Mein Vater wollte zuerst zu seinen Eltern gehen, sich säubern und dann seine Frau abholen, die während seiner Abwesenheit bei ihren Eltern wohnte. Er klopfte an die Tür. Sein Herz schlug laut vor Freude. Nichts regte sich. Er klopfte noch einmal, diesmal lauter. Es war zwecklos. Es blieb ihm nichts übrig, als gleich zum Haus seiner Schwiegereltern zu gehen, aber auch dort regte sich nichts.

Er schüttelte den Kopf und ließ sich auf der Schwelle nieder. Er fühlte sich wie zerschlagen vor Einsamkeit, Enttäuschung und Entkräftung. Was war passiert? Warum war niemand zu Hause? Es fiel ihm schwer, einen klaren Gedanken zu fassen. Plötzlich fiel ihm ein, daß es gleich Mitternacht sein mußte. Zitternd und bleich wie ein Gespenst stützte er sich mit letzter Kraft an den Hausmauern ab und schleppte sich zur Kirche.

Dort war das ganze Dorf versammelt. Mein Vater stieß die Tür auf. Die Kirche erstrahlte im Licht von hundert Kerzen, vor dem Altar stand der Priester im weißen Ornat, und die ganze Gemeinde stand auf und sang:

»Du steigst herab vom Himmel,
O Heiland zart und klein,
In einer armen Krippe
Zu teilen unsere Pein ...«

Es war die Weihnachtsmesse.

Weihnachten ... Ein Schluchzen schüttelte meinen Vater. Dann brach der Damm, und er ließ seinen Tränen freien Lauf.

ZEHNTES KAPITEL

DIE WILDE BERCHTA – SÜDTIROLER SPEZIALITÄTEN

Die Berchtl bei der Brücke in Virgen

Es mag so manche Tanne im Virgental umgehauen und an ihrer Stelle eine andere großgewachsen sein, seitdem einem Bauer einmal mit der Berchtl eine seltsame Geschichte begegnete. Er ging in der Nacht vor dem heiligen Dreikönigstag von Windischmatrei heim, und wie er weiter ins Tal hineinkam, war es schon tief in der Nacht und »stockdunkel wie in einem Sack«. Er hätte die Finsternis mit den Händen greifen können, und durch das Tal heraus pfiff ein eiskalter Wind. Es war dem guten Mann, der sonst eben nicht zu den furchtsamen Hennen gehörte und jede Stunde der Nacht schon mehr als zwanzigmal auf »freier Weite« zugebracht hatte, heut' gerade nicht zumute wie etwa einem Robler, der es mit jedem aufnehmen möchte, und sagte deshalb fein andächtig »Gott Lob und Dank!«, als er die Brücke erreicht hatte, von der es zu seinem Hause nicht mehr weit war. Aber da hörte er auf der andern Seite ein Gemurmel von vielen Stimmen, als käme die »wilde Fahrt« daher, und, um auf jeden Fall auszuweichen, möge es sein was es wolle, stieg er unter die Brücke hinab, denn weit davon, dachte er, ist gut für den Schuß, und setzte sich auf einen Stein, wo das Schneegestöber nicht zugekommen war. Da hörte er zahlreiche Schritte auf der Brücke, und als sie hinüber waren, sagte eine Stimme: »Wartet, Kinder! da unten ist ein Stock, in den muß ich dieses Hackl hineinhauen«, und in dem Augenblick stand die Berchtl vor ihm und schlug ein Hackl in sein Knie, daß es steckte, und verschwand dann, wie ein Nebel zergeht. Dem Bauer war jetzt noch weniger ums Lachen als zuvor, denn es war keine Möglichkeit mehr, das Hackl herauszubringen. Er ging nach Haus und suchte dann Hilfe bei allen Geistlichen und Doktoren weit und breit, das Hackl blieb aber, ohne ihm Schmerzen zu machen, in seinem Knie. So war nun ein Jahr bald herum, denn die Zeit vergeht, ohne daß man es merkt, und da kam ihm ein glücklicher Gedanke in den Sinn. Er ging in der hl. Dreikönigsnacht wieder hinaus zur Brücke und setzte sich auf den gleichen Stein. »Vielleicht kommt die Berchtl«, dachte er, »und holt das Hackl ab«, und wirklich täuschte er sich nicht. Bald hörte er sie mit ihrem ganzen Gefolge über die Brücke gehen, und als sie hinüber war, sagte sie: »Wartet! Voriges Jahr hab' ich da unten in einen Stock ein Hackl eingehauen, ich muß es wieder mitnehmen.« Kaum gesagt, stand sie unten vor dem Bauer und zog ihm schnell das Hackl heraus, daß man nichts mehr spürte, wo es gesteckt hatte, und war dann weg wie der Wind. Dem Mann aber war besser zumute als einer armen Seele, wenn sie aus dem Fegfeuer erlöst wird, und er ging, wie sich jeder leicht einbilden mag, freudiger heim zu als vor einem Jahre.

Der eiserne Handschuh

Auf Leibnig fand eine Bäurin am Dreikönigstage morgens einen eisernen Handschuh auf dem Herde liegen. Sie zeigte ihren Fund dem Bauern, und dieser sagte, daß derselbe vermutlich der »wilden Berchta« gehöre. Man erzählte die Sache dem Pfarrer, welcher den Rat gab, den Handschuh in einem Kasten sorgfältig aufzubewahren, das ganze Jahr ihn nicht anzusehen und ihn in der Dreikönigsnacht wieder auf den Herd zu legen. Der Rat wurde befolgt, und als am folgenden Morgen die Bäurin in die Küche ging, um Suppe zu kochen, fand sie an der Stelle des Handschuhes ein Häuflein Gold.

Das Berchtenlaufen

Alle Jahre um Dreikönig laufen die Berchten; diese sind gekleidet wie recht häßliche Tiere und haben Bockshörner auf und große Schellen an. So sind auch einmal vor langer Zeit die Berchten – es waren ihrer zwölf – über den Hüttenbrunnen hin- und hergesprungen vor lauter Übermut. Da war auf einmal eine dreizehnte, noch viel abscheulichere, unter ihnen, welche viel höher sprang als alle andern. Wie nun die andern diese sahen, liefen sie alle bis auf einen davon; denn dieser meinte, er würde wohl fertig werden mit jener und fing zu raufen an. Aber sie sprang auf ihn los und warf ihn auf den Boden, daß er sich einen Fuß brach. Die andere Berchta lief aber dann davon, und als sie den Fuß aufhob, sah er, daß sie Bockfüße habe. Der Mann aber, der sich den Fuß gebrochen hatte, starb am zweiten Tage darauf. Er bereute noch seinen Frevel, daß er dort mit jener Berchta zu raufen angefangen habe. Noch jetzt haben die Bauern den Glauben, daß je mehr Berchten laufen, desto besser auch das Jahr würde. Deshalb bewirtet man sie auch mit Schnaps und Klötzenbrot. Auch am Sebastianstage laufen die Berchten.

Der Drachensee

Zur Zeit, als der heilige Magnus bei Füssen das Evangelium predigte, war die Gegend noch wenig bewohnt und bebaut. Der heilige Mann lehrte die rohen Einwohner das Christentum und den Ackerbau. Er entdeckte auch in den dortigen Bergen Gold und Silber und sagte dies den armen Leuten und hieß sie darnach graben. Da wurden die früher armen Bewohner in kurzem steinreiche

Leute. Mit dem Reichtum aber wurden sie bald übermütig und hartherzig. Da kam einmal an einem stürmischen, kalten Winterabende ein alter eisgrauer Mann in ein solches reiches Dorf und bat um Nachtherberge.

Doch umsonst, fluchend warfen ihn die Knechte aus dem Hause und schlugen ihm die Türe hinter der Ferse zu. Da fluchte der Greis, ging fort und kam vor Kälte um. Sein Fluch ging haarklein in Erfüllung. Ein Erdbeben verschüttete die Goldgruben, die Häuser versanken, und an ihrer Stelle bildete sich der Drachensee. Nur einmal im Jahre kommen sie noch an die Oberfläche, aber ein Drache hält den einzigen Eingang zu denselben besetzt. In der heiligen Nacht läutet es in der versunkenen Kapelle, und wenn einer Lust hat, kann er auch sehen, wie die einstigen Bewohner zur Kirche ziehen. Aber wehe ihm, wenn er gesehen würde.

Die Räuber in der Christnacht

Zum Maggner in Wangen kamen alljährlich in der Christnacht Räuber, taten sich gütlich und nahmen mit, was ihnen gefiel. Die Hausleute hüteten sich wohl, ihnen entgegenzutreten; denn jeden, der das wagte, schlugen sie tot. Daher gingen die Leute lieber nach Wangen zur Christmette hinauf und versteckten vorher, was sie nicht in die Hände der Räuber fallen lassen wollten.

Einmal waren sie gerade wieder in voller Arbeit, die besten Sachen zu verstecken, bevor sie zur Christmette fortgingen, da kam zur Haustür herein ein meeraltes Mannl aus Venedig und bat um Nachtherberge, es käme heut' nicht mehr weiter.

»O mei liabs Mannl«, sagte der Bauer, »do kannsch nöt bleibm, as tian alm in dear Nacht Raber kemmen; sigsche ja, daß miar a bißl öppas af die Seite raumen, weil sie süst alls zamm vartrogat'n. Feartn isch oans darhoam geblieben, in selbm Mensch hobm se lei kro g'schwind umgebrocht. Geah nar liaber mit üns af Wangen aui!«

»O, ich fürchte mich nicht«, versicherte das Mannl.

»Ja, wenne moansch, kannsche meinetwög'n gnua bleibm; wiss'n tuasch's iatz.«

Das Mannl blieb, und die andern gingen nach Wangen hinauf. Hinter ihnen sperrte es die Haustür, legte sich dann auf die Ofenbrücke und schlief ein. Schon läuteten die Mitternachtsglocken in Wangen und Afing, da schlug es mit gewaltigen Fäusten an die Haustür, und fluchende Stimmen begehrten Einlaß. Das Mannl erwachte, stieg langsam von der Ofenbrücke herab, zündete eine Kerze an und tat auf. Zwölf Räuber stürzten mit geschwungenen Dolchen und Knütteln ins Haus, aber das Mannl schaute sie, ohne ein Wort zu sagen, nur starr an und drohte mit dem Zeigefinger.

Sie fingen an zu zittern, als hätten sie ein Gespenst gesehen, und stillschweigend folgten sie ihm in die Stube nach. Dort stellte er sie, etwas murmelnd, wie Soldaten der Reihe nach auf, und sie mußten »habt acht!« stehen.

Das Mannl stieg wieder auf die Ofenbrücke hinauf und schlief weiter. Endlich kehrten die Hausleute mit Furcht und Zagen heim, öffneten die Haustür und meinten nichts anderes, als daß das Mannl als Leiche in der Stube liegen werde. Ein lauter Schrei des Entsetzens weckte das Mannl auf der Ofenbrücke auf; die Hausleute waren in die Stube getreten und sahen da die Räuber stehen. Sie wollten gleich wieder auf und davon, aber das Mannl hielt sie zurück und redete ihnen die Furcht aus. Jetzt erst merkten sie, daß die Räuber »gefroren« gemacht waren und sich nicht von der Stelle bewegen, ja nicht einmal reden konnten.

»Ihr könnt mit den Räubern tun, was ihr wollt«, sagte das Mannl, »ihr könnt sie laufen lassen oder vor Gericht bringen.« Der Bauer fragte das Mannl, was seine Meinung sei. Ja, wenn er es gerade heraussagen sollte, möchte er ihnen raten, die Räuber laufen zu lassen, sprach das Mannl; kommen werden sie gewiß nicht mehr, sonst erginge es ihnen gerade so wie diesmal, und dann möchte der Bauer beim Seiler nur gleich den Strick bestellen.

Daraufhin erlaubte ihnen der Bauer, davonzugehen. Das Mannl hob den Bann auf, und die Räuber schworen, nie mehr zu kommen. Die haben aber Füße gemacht! Am Morgen war das Mannl verschwunden, und niemand hat es nachher wieder gesehen.

Die wilde Jagd

In den zwölf heiligen Nächten zwischen Weihnachten und Neujahr tobt die wilde Jagd.

Der Wind heult zwischen Dachgiebeln und Schornsteinen und verfolgt die Spuren der Menschen und Tiere, die die Erde in ihren Besitz genommen haben.

Die wilde Jagd ergreift alles, was sich nicht auf der rechten Straßenseite bewegt, alles, was am Fenster steht und nicht unter dem Kruzifix, und jeden Wanderer, der sich nicht rechtzeitig unter der Deichsel eines Karrens verbirgt. Alles und alle schleppt sie in ihre dunkle Höhle, wo eine große Spinne Tag und Nacht Wache hält.

Wer die wilde Jagd einmal gesehen hat, wird sie nie mehr vergessen. Die Nerven gefrieren einem unter der Haut, das Blut stockt in den Adern, die Gliedmaßen trennen sich vom Körper und folgen den wilden Reitern. Wotan zieht mit seinem weiten Mantel vorbei und lacht höhnisch.

Einst fand man einen Fuhrmann mit seinem Fuhrwerk zerschmettert am Abgrund. Ein andermal fand man einen Hirten und seine Schafherde, die zerfetzt zwischen den Felsen des Gebirges lagen.

»Gib mir mein Stück ab!« heulte die wilde Jagd.

Am nächsten Morgen fand man den Mann, der versucht hatte, ihr zu trotzen, mit Haut und Haaren an die Tür genagelt.

»Da hast du dein Stück!« heulte die Jagd, und der Wind fuhr durch die Baumwipfel.

Der Kalk-Brennofen

Unten an der Felswand stand ein großer Ofen zum Brennen des gewonnenen Kalkes. Den ganzen Herbst hindurch arbeiteten hier oben drei Männer; im Winter fuhren sie den gebrannten und gelöschten Kalk auf einem großen Schlitten zu Tal.

Einmal jedoch gelang es ihnen nicht mehr rechtzeitig, den ganzen Kalk zu brennen, obwohl es schon Weihnachten war. Was sollten die drei Männer tun? Zwei von ihnen fuhren mit dem großen Schlitten ins Dorf hinunter, aber der dritte mußte allein oben bleiben und aufpassen, daß das Feuer im Ofen nicht ausging.

Als der 24. Dezember und die Mitternachtsmesse vorbei waren, fuhren die beiden Männer wieder auf den Berg. Da sahen sie, wie aus dem Schlund des Ofens drei Riesen hervorkamen, die eine Bahre trugen.

Die Kalkarbeiter flohen und versteckten sich im Wald. Sie wagten sich erst wieder am Weihnachtsmorgen heraus. Der Brennofen war aus, ihr Gefährte spurlos verschwunden.

Erzählt von Reinhold Messner

ELFTES KAPITEL

AUF DER SUCHE NACH GOTT UND DER WELT

Dino Buzzati

Die Nacht des 24. Dezember

Gott schien seltener zu werden, und wer ein bißchen davon besaß, wollte nichts hergeben.

Düster ist der alte Bischofsplatz, der Salpeter tropft aus seinen Mauern, in den Winternächten dort zu verweilen ist eine Qual. Die Kathedrale daneben ist gewaltig groß, ein Leben reicht nicht aus, um sie ganz zu durchwandern, und es gibt darin ein solches Gewirr von Kapellen und Sakristeien, daß einige nach jahrhundertelanger Verlassenheit noch fast unerforscht sind. Was wird – so fragt man sich – der abgezehrte Erzbischof am Weihnachtsabend ganz allein tun, wenn die Stadt das Fest begeht? Wie wird er der Schwermut Herr werden? Alle haben einen Trost; das Kind hat die Eisenbahn und den Kasperle, das Schwesterchen hat die Puppe, die Mutter hat die Kinder um sich, der Kranke hat eine neue Hoffnung, der alte Junggeselle hat den Gefährten seiner Zerstreuungen, der Häftling die Stimme eines anderen aus der Nachbarzelle. Was aber wird der Erzbischof tun?

Don Valentino, der diensteifrige Sekretär Seiner Exzellenz, lächelte, wenn er die Leute so reden hörte. Der Erzbischof hat Gott am Weihnachtsabend.

Wenn er mutterseelenallein inmitten der eisigen, leeren Kathedrale kniet, könnte er auf den ersten Blick fast Mitleid erwecken. Aber wenn die Leute wüßten! Mutterseelenallein ist er nicht, und er friert nicht einmal und fühlt sich nicht verlassen. Am Weihnachtsabend schwebt Gott im Tempel für den Erzbischof, und die Kirchenschiffe quellen buchstäblich von Gott über.

So ist der Dom an jenem Abend: überströmend von Gott. Und obwohl Don Valentino wußte, daß es nicht seines Amtes war, hielt er sich doch gar zu gerne damit auf, einen Platz für den Gebetsstuhl des Kirchenfürsten zu suchen. Das war freilich etwas anderes als Weihnachtsbäume, Truthühner und Schaumwein. Das war ein Weihnachtsabend. Aber mitten in diesen Gedanken hörte er an eine Tür klopfen.

»Wer klopft am Weihnachtsabend an die Domtür«, fragte sich Don Valentino. »Haben die Leute noch nicht genug gebetet? Was für eine Sucht hat sie ergriffen?«

Mit diesen Worten ging er öffnen, und mit einem Windstoß trat ein armer, zerlumpter Mann herein.

»Wieviel von Gott ist hier!« rief er lächelnd aus und sah sich um. »Wieviel Schönheit! Man spürt es sogar von draußen. Monsignore, könnten Sie mir nicht ein wenig davon geben? Denken Sie, es ist der Heilige Abend.«

»Das gehört der Exzellenz, dem Erzbischof«, antwortete der Priester. »Er braucht es in wenigen Stunden. Seine Exzellenz lebt schon wie ein Heiliger, du wirst doch nicht verlangen, daß er jetzt auch auf Gott verzichtet! Und außerdem bin ich niemals Monsignore gewesen.«

»Und auch nicht ein kleines bißchen könnten Sie mir geben, Hochwürden? Es ist soviel davon da! Seine Exzellenz würde es gar nicht einmal merken!«

»Nein, habe ich gesagt ... du kannst gehen ... der Dom ist für die Allgemeinheit geschlossen«, und er geleitete den Armen mit einem Fünf-Lire-Schein hinaus.

Aber als der Unglückliche aus der Kirche hinausging, verschwand im gleichen Augenblick auch Gott. Bestürzt schaute sich Don Valentino um und forschte in den dunklen Gewölben: selbst da oben war Gott nicht mehr. Dieser prächtige Apparat von Säulen, Statuen, Baldachinen, Altären, Katafalken, Leuchtern und Drapierungen, sonst immer so geheimnisvoll und mächtig, war unversehens düster und ungastlich geworden. Und in ein paar Stunden sollte der Erzbischof kommen. In höchster Erregung öffnete Don Valentino eine der äußersten Pforten und blickte auf den Platz. Nichts. Auch draußen keine Spur von Gott, wiewohl es Weihnachten war. Aus den tausend erleuchteten Fenstern kam das Echo von Gelächter, zerbrochenen Gläsern, Musik und sogar von Flüchen. Keine Glocken, keine Lieder.

Don Valentino ging in die Nacht hinaus, schritt durch die unheiligen Straßen, die von dem Lärm hemmungsloser Gelage widerhallten. Aber er wußte die rechte Anschrift. Als er in das Haus trat, setzte sich die befreundete Familie gerade zu Tisch. Alle sahen einander wohlwollend an, und um sie herum war ein wenig von Gott.

»Frohe Weihnachten, Hochwürden«, sagte der Vater. »Wollen Sie nicht unser Gast sein?«

»Ich habe Eile, ihr Freunde«, antwortete er. »Durch eine Unachtsamkeit meinerseits hat Gott den Dom verlassen, und Seine Exzellenz kommt gleich zum Gebet. Könnt ihr mir nicht euren Herrgott geben? Ihr seid ja in Gesellschaft und braucht ihn nicht so unbedingt.«

»Mein lieber Don Valentino«, sagte der Familienvater, »Sie vergessen, möchte ich sagen, daß heute Weihnachten ist. Gerade heute sollten meine Kinder ohne Gott auskommen? Ich wundere mich, Don Valentino.«

Und im selben Augenblick, in dem der Mann so sprach, schlüpfte Gott aus dem Hause, das freundliche Lächeln erlosch, und der Truthahnbraten war wie Sand zwischen den Zähnen.

Und wieder hinaus in die Nacht und durch die verlassenen Straßen. Don Valentino lief und lief und erblickte ihn schließlich von neuem. Er war bis an die Tore der Stadt gekommen, und vor ihm breitete sich die Dunkelheit, leicht im Schneegewande schimmernd, das weite Land. Über den Wiesen und den Zeilen der Maulbeerbäume schwebte Gott, als wartete er. Don Valentino sank in die Knie. »Aber was machen Sie, Hochwürden?« fragte ihn ein Bauer. »Wollen Sie sich in dieser Kälte eine Krankheit holen?«

»Schau da unten, mein Sohn! Siehst du nicht?«

Der Bauer blickte ohne Erstaunen hin.

»Das ist unser«, sagte er. »Jede Weihnacht kommt er, um unsere Felder zu segnen.«

»Höre«, sagte der Priester, »könntest du mir nicht ein wenig davon geben? Wir sind in der Stadt ohne Gott geblieben, sogar die Kirchen sind leer. Gib mir ein wenig davon ab, damit wenigstens der Erzbischof ein anständiges Weihnachten feiern kann.«

»Fällt mir nicht im Traume ein, Ihr lieben Hochwürden! Wer weiß, was für ekelhafte Sünden ihr in der Stadt begangen habt. Das ist eure Schuld. Seht allein zu.«

»Gewiß, es ist gesündigt worden. Und wer sündigt nicht? Aber du kannst viele Seelen retten, mein Sohn, wenn du mir nur Ja sagst.«

»Ich habe genug mit der Rettung meiner eigenen zu tun!« sagte der Bauer mit höhnischem Lachen, und im gleichen Augenblick hob sich Gott von seinen Feldern und verschwand im Dunkel.

Und Don Valentino ging weiter und suchte. Gott schien seltener zu werden, und wer ein bißchen davon besaß, wollte nichts hergeben (aber im gleichen Augenblick, da er mit »nein« antwortete, verschwand Gott und entfernte sich immer weiter). Endlich stand Don Valentino am Rande einer grenzenlosen Heide, und in der Ferne am Horizont leuchtete Gott sanft wie eine längliche Wolke. Der Priester warf sich in den Schnee auf die Knie. »Warte auf mich, o Herr«, bat er, »durch meine Schuld ist der Erzbischof heute allein geblieben.« Seine Füße waren zu Eis erstarrt, er lief im Schnee weiter und sank bis ans Knie ein, und alle Augenblicke fiel er der Länge nach hin. Wie lange konnte er es noch aushalten?

Endlich vernahm er einen großen leidenschaftlichen Chor von Engelsstimmen, ein Lichtstrahl brach durch den Nebel. Er öffnete ein hölzernes Türchen, es war eine riesige Kirche, und in ihrer Mitte betete ein Priester zwischen einigen Lichtern. Und die Kirche war voll des Paradieses.

»Bruder«, seufzte Don Valentino, am Ende seiner Kräfte und mit Eisnadeln bedeckt, »habe Mitleid mit mir. Mein Erzbischof ist durch meine Schuld allein geblieben und braucht Gott. Gib mir ein bißchen von ihm, ich bitte dich.«

Langsam wandte sich der Betende um. Und Don Valentino wurde, als er ihn erkannte, fast noch bleicher, als er ohnedies war.

»Ein gesegnetes Weihnachten dir, Don Valentino«, rief der Erzbischof und kam ihm entgegen, ganz von Gott umgeben. »Aber Junge, wo bist du nur hingelaufen? Was hast du um des Himmels willen in dieser bärenkalten Nacht draußen gesucht?«

Carlo Bernari
Die Hirten

Einen Ort zu kennen bedeutet, ihn sich öffnen zu können, seinen Inhalt vor sich ausschütten zu können, ihn zu lieben und zu verfluchen; man muß den Ort und die anderen Menschen, die dort leben, kennen wie sich selbst. Es genügt nicht, dort zu leben und zu lieben, zu essen und zu schlafen, der Ort muß auch mit dir leben wollen, muß dich ansprechen. Aber für mich war Aframaggiore stumm, und ich war stumm für Aframaggiore. Ich war Eigentümer eines Fleckens Erde, auf dem in Bälde weiße Fabrikmauern stehen würden, ich pflanzte Hanf und Bohnen, aber die Erde blieb mir fremd. Trotz der vielen, vielen Tage war ich immer noch ein Fremder, der neugierig an Steinen, Gesichtern und Fensterscheiben vorbeizieht. Ich war der Verführer, der besitzt, aber nicht besessen wird, der Eroberer, der eine ganze Stadt ausradieren kann, ohne sie zu kennen, der Verhaßte, der nicht hassen kann.

Ich redete mir ein, eine perfekte Maschine zu sein, mit tausend Gucklöchern, die auf- und zuschnappen, und dabei besaß ich in Wirklichkeit nicht einmal den elementarsten Mechanismus, um die Bedeutung eines Augenblinzelns, einer Geste, eines Wortes zu verstehen: Wie eine Maschine fuhr ich ohne Bremsen dahin, sah kein Hindernis, keine Kreuzung voraus, war nicht imstande, meine Richtung je nach den aktuellen Verhältnissen zu korrigieren und lief einfach durch blinden Impuls weiter. Die anderen – die ich immer noch als anders zur Kenntnis nahm – beobachteten mich stumm, sie flüsterten einander etwas zu, wenn ich vorbeikam, sie bremsten mich nicht, aber sie beschleunigten mich auch nicht, sie setzten sich nicht in mir fort.

Daran mußte ich denken, als eines Tages vor einem kleinen Laden zwei düstere Augen auf mir ruhten. Die abschließbaren Türflügel des Ladens waren zur Straße hin weit geöffnet und gaben den Blick frei auf Glasvitrinen und zwei Tischchen, auf denen in buntem Durcheinander nackte und verstümmelte Puppen, enthauptete Christus- und Madonnenfiguren, zahllose Heiligenköpfe ohne Körper und die Beine, Füße und Arme von alten und neuen Hirtenfiguren lagen. Die zwei Augen folgten meinem Blick, der den Rest des kleinen Ladens in Augenschein nahm. Überall lagen weitere Hirten und weitere Statuen; und in der Nähe der Tür, fast auf der Türschwelle, stand eine Bank. Auf ihr lagen aneinandergereiht lauter identische Tonfiguren, die der Künstler aus Gipsformen gepreßt hatte.

»Das ist die Madonna dell'Arco«, sagte er und kam damit meiner Neugier zuvor. Ich staunte über die vielen Dinge, die überall herumlagen, und über das schöne alte Kunsthandwerk, das hier offensichtlich noch ausgeübt wurde.

»Ich muß davon leider noch tausend Stück machen – zum Fest. Waren Sie schon mal dort, bei der Madonna dell'Arco?«

Um zu erfahren, wer ich war und was ich wollte, bot er mir im Tausch seine Erklärungen an.

Ich deutete auf einige zweihundert Jahre alte Hirtenfiguren und sagte: »Die sind schön!«

Sein Blick wurde noch düsterer. »Ja, die würden mir

auch gefallen. Aber sie sind nicht käuflich. Ich restauriere sie für einen Professor aus Rom, wenn Sie nichts dagegen haben ...«

Ich verstand nicht, warum ich etwas dagegen haben sollte, aber vielleicht war das nur eine Floskel. Mechanisch fügte er die zwei Gipsformen zusammen – eine Kommissionsarbeit, mehr als zweitausend Stück, klagte er und beäugte mich wieder mit seinen finsteren schwarzen Augen. Dann erklärte er mir, der Herr Professor komme jeden Monat einmal aus Rom hierher und kaufe alte Kunstwerke auf, vor allem Statuen, Keramiken und Hirten, und lasse sie hier von ihm restaurieren.

»Das hier gehört einem Nonnenkloster. Wenn Sie wüßten, was die alles für Schätze haben, Ihnen würden die Augen übergehen! Man macht sich keine Vorstellung davon, wie sehr die Schwestern an den Sachen hängen, die dort lebendig begraben sind.«

Wenn er im Dialekt sprach, verwendete er die dritte Person fast immer korrekt; aber weil er versuchte, seine Worte für mich, den Ortsfremden, in Hochsprache zu kleiden, wechselte er dauernd zwischen der zweiten und dritten Person hin und her und stellte die Verben auf den Kopf, überzeugt davon, daß der Dialekt ihn irreführe.

»Wieviel die wohl wert sind?« meinte ich.

»Was soll ich Ihnen sagen? Irgendeine konkrete Zahl wäre gelogen. Sie sind nicht zu bezahlen. Auf jeden Fall Tausende Lire, denn sie sind sehr alt.«

Ich betrachtete einige Figuren aus grellbunt bemaltem Terracotta. Er versuchte, sie mir auszureden: »Das ist nichts Besonderes, das ist ganz gewöhnliche Dutzendware! Ich mache sie jedes Jahr zu Weihnachten, damit die Unkosten für den Laden wieder reinkommen.«

Es war, als wollte er mich weglocken von dem Tischchen, auf dem die Heiligen Drei Könige, Ochs und Esel, Schafe, Bauern, Hirten und Handwerker kunterbunt durcheinander lagen. Es waren kleine, aber sehr kunstfertig gemachte Figuren, in denen das antike Leben wieder erwachte – von erstaunlich subjektivem, ganz eigenständigem Charakter und einer Gebärdensprache von geradezu allegorischer Objektivität. Da gab es Hirten, die unter freiem Himmel schliefen, andere, die über Berge wanderten, Getreide säten oder ihre Herde hüteten; ihre roh in den Ton getriebenen Gesten riefen mir die Miniaturtechnik der Chinesen ins Gedächtnis, die Porzellanmalerei, die ebenfalls seit Tausenden von Jahren die Nöte des arbeitenden Menschen auf ergreifende Weise darstellt.

»Gefallen sie Ihnen wirklich?« Der junge Bildhauer wunderte sich noch immer. »Wenn ich es nicht mit eigenen Augen sehen würde, könnte ich's gar nicht glauben. Aber, um ehrlich zu sein, das ist nicht mein Beruf, das mache ich nur so nebenbei. Eigentlich bin ich Bildhauer, mit Diplom an der Kunstakademie. Ich war schon vier Jahre in Deutschland und möchte dorthin zurückkehren, aber das geht jetzt noch nicht, wegen meiner Frau ... Aber nehmen Sie doch bitte Platz – warten Sie, hier drin ist es immer etwas staubig und schmutzig ...« Bevor er mich sanft auf die Bank drückte, wischte er den Staub ab. »Darf ich Ihnen eine Tasse Kaffee anbieten? Nichts für ungut. Sie würden mir eine große Freude machen.«

Mein Protest half nichts: Er schob die Bank zur Seite, stand auf und tippte einem der Mädchen, die draußen vor der Tür Seil hüpften, auf die Schulter. Zufrieden kehrte er zurück.

»Es tut mir leid, so viele Umstände zu machen«, sagte ich, »das arme Mädchen ist jetzt bestimmt schlecht auf uns zu sprechen.«

»Das fehlte ja noch«, meinte er verwundert. »Nein, nein, hier respektieren mich alle. Und wenn schon – ein Kaffee ist ja wohl nicht zuviel verlangt.«

Er füllte erneut seine Gipsformen mit Ton. Von unten betrachtet, das Gesicht stur auf die Arbeit gerichtet, sah er noch jünger aus, wie mit Tusche gezeichnet: pechschwarze Augen, glänzende, gewellte schwarze Haare, so dicht, daß man eine Strähne nicht von der anderen unterscheiden konnte, und einen dünnen, kaum angedeuteten Schnurrbart. Erneut fiel mir unwillkürlich der Vergleich mit den Chinesen ein: Ein Südchinese hatte dieselben feinen und doch irgendwie verschwommenen Gesichtszüge.

Inzwischen war das Mädchen mit einem Tablett zurückgekehrt, auf dem sich Tassen, eine Zuckerdose und eine Kanne Kaffee befanden. Man schenkte mir einen starken, schäumenden, süßen Kaffee ein, und ich mußte alle meine Überredungskunst aufbieten, um zu verhindern, daß mir mein Gastgeber aus lauter Gastfreundschaft noch eine Extraportion Zucker hineinschüttete. »Na, kommen Sie, noch ein Löffelchen«, bat er mich, »machen Sie keine Umstände!« Als ich den Kaffee umrührte, sah ich über den Rand der Tasse hinweg die traurigen Augen des Mädchens, das ihn uns serviert hatte. Aber kaum faßte ich in meine Tasche, um etwas Kleingeld zu suchen, wich die Kleine erschrocken zurück.

»Danke, mein Kind, auf Wiedersehen«, komplimentierte mein Gastgeber sie endgültig hinaus. Dann sagte er zu mir: »Lassen Sie nur stecken. Die Kinder tun mir gern den einen oder anderen Gefallen, weil sie wissen, daß sie dafür an Weihnachten und an Dreikönig von mir etwas bekommen. Nicht wahr?«

Das Mädchen antwortete nicht und zog sich langsam zurück, ohne sich umzudrehen, setzte einen Fuß hinter den anderen, bis sie wieder draußen in der Sonne war.

Als ich meinen Kaffee geschlürft hatte, fühlte ich das Bedürfnis, etwas zu kaufen. Ich wählte ein paar von den kleinen Hirten aus bemaltem Ton.

»Und die gefallen Ihnen wirklich?« fragte mein Gegenüber immer noch ungläubig, als er weitere Figuren für mich von den oberen Regalen holte und auf die Bank häufte. Dann versuchte er es ein letztes Mal auf die spanisch-arabische Art: »Ich kann mir gar nicht vorstellen, daß Sie Ihrer Frau mit so vielen kleinen Figuren eine Freude machen.«

»Doch, doch«, erwiderte ich, »meine Frau wird begeistert sein. Ich habe ihr schon viele ähnliche kleine Figuren mitgebracht – aus China, Mexiko und Bulgarien, alles Volkskunst und alles richtige kleine Kunstwerke. Je kleiner sie sind, desto besser gefallen sie ihr!«

»Aber Kunst ist doch nur das hier!« brach es aus ihm hervor. »Das andere, das soll Kunst sein? Das machen wir immer gleich. Es wird einfach vom Vater an den Sohn weitergegeben.«

Er versuchte, seinen Beruf schlecht zu machen, aber dann gab er wegen meiner Sturheit auf. Statt dessen fragte er mich: »Verstehen Sie denn auch was von Krippen?«

Ich hatte eigentlich nicht die Absicht, mit den vielen kleinen Figuren eine Krippe zu bauen, aber um ihn nicht zu enttäuschen, sagte ich ja.

Er strahlte. »Wenn das so ist, dann brauchen Sie sicher auch einen Fuhrmann. Und einen Weinbauern, haben Sie den schon? Und eine echte kleine Osteria? Und Ochs und Esel fehlen Ihnen bestimmt auch noch. Sie müssen aber nicht denken«, unterbrach er sich, ein bißchen erschrocken über den eigenen Redeschwall, »daß ich das alles unbedingt loswerden will. Aber« – fuhr er mit einem chinesischen Pinselstrich im arabisch-spanischen Zeremoniell fort – »Sie würden mir eine große Freude machen, wenn Sie sie alle mitnähmen. Sie kosten nicht viel. Sie bekommen Rabatt und zahlen nur fünfzig Lire pro Gruppe – zum Beispiel fünfzig Lire für die Tischgesellschaft, die Waschfrauen, den Melonengarten und die Osteria zusammen.«

Auch zweihundert oder fünfhundert Lire pro Stück wären mir noch preiswert erschienen – vielleicht, weil dem reisenden Touristen alles schöner, einladender, sparsamer vorkommt. Aber er interpretierte mein Lächeln anders, er las wohl irgend etwas Teuflisches darin. Er fragte: »Finden Sie das zu teuer?«

»Nein, keineswegs«, beeilte ich mich, ihn zu beruhigen, »ich hatte eher das Gegenteil gedacht ...«

Er legte die Stirn in Falten; er verglich die Preise und meine wohlhabende Erscheinung und meinte dann etwas bitter: »Nun ja, wir sind hier nicht in Mailand. Fünfzig Lire sind vielleicht nicht viel Geld für Sie, mein Herr, aber nehmen Sie mal einem von den Grobianen hier fünfzig Lire ab, und Sie werden sehen, wie schwer das ist ...«

Er zählte die Hirten und wickelte jeden in ein Stück Zeitungspapier ein; er häufte sie zu einem schönen Bündel zusammen, und bevor er sie in die Tüte steckte, tat er noch drei Schafe und drei Hühner dazu – »für Ihre Kinder«, sagte er –, dann drei Kränze mit Knoblauch, Zwiebeln und Wurst – »für die Osteria« – und drei winzige Lampions aus grünem Stanniolpapier, eine echte Geschicklichkeitsarbeit (»für Ihre Frau und die Kinder, wie viele haben Sie – drei?«).

Nachdem er alles eingepackt hatte, fiel ihm ein: »Und der Hintergrund? Bestimmt haben Sie noch keinen!«

Er kletterte hinauf, so daß er an das höchste Regal herankam, zog eine Rolle heraus, riß ein paar Meter ab und hielt einen Zipfel des Materials mit den Zähnen fest. »Einen Hintergrund brauchen wir«, sagte er und zeigte mir das auseinandergefaltete Blatt, auf dem sich unter einem dichten Sternenhimmel Minarette, arabische Dächer, Moscheen, ein romanisches Forum und anderes abwechselten, eine bunte, anachronistische Mischung von mauretanischer, mittelalterlicher und klassizistischer Architektur, vor der die Geburt des Jesuskindes recht absurd wirken mochte.

»Auch das schenke ich Ihnen, wenn Sie's nicht als Beleidigung ansehen«, sagte er. Ich beruhigte ihn noch einmal und nahm ihm das Päckchen aus den Händen.

»Das fehlt noch«, meinte er, »ich bringe es Ihnen doch ans Auto!«

Nun mußte ich ihm erklären, daß und warum ich kein

Auto habe. Er verstand es nicht und war fast ärgerlich: »Ich, der ich so gern eins hätte, muß mich mit einem Mofa begnügen ... was praktisch ist, ist praktisch«, fügte er hinzu. Um den Anflug von Bitterkeit aus seinem Gesicht zu vertreiben, erzählte ich ihm, daß ich hier in der Gegend ein Haus oder zumindest ein Zimmer suchte.

Wiederum war er höchst erstaunt. »Was, hier?« meinte er. »Ich würde lieber heute als morgen hier abhauen. Und ich bin nicht der einzige!«

»Nun ja«, antwortete ich und schluckte meinerseits die Enttäuschung hinunter, »der eine kommt, der andere geht. Das habe ich auf meinen Reisen durch die Welt gelernt.«

Er konnte sich nicht genug wundern. »Aber warum ausgerechnet hier in dieser Gegend?«

»Warum nicht hier?« fragte ich. »Würden Sie mir helfen, etwas Passendes zu finden?«

Er sah mich lange an. Dann murmelte er: »Na gut, versuchen wir's; leicht wird es nicht werden, aber wir können ja mal nachfragen.«

Offensichtlich hatte er eine andere Art Kunden erwartet, einen, der ihm helfen konnte, seine Wurzeln aus diesem Erdboden zu reißen; einen, der genau wie er wenig für die Leute hier übrig hatte, von dem er sagen konnte: Er hat mich direkt aus Mailand oder aus Turin hier weggeholt und hat mir ein kleines Geschäft eingerichtet, weil er gebildet ist und etwas von Kunst versteht. Dadurch, daß ich in Aframaggiore bleiben wollte, widersprach ich seiner Tendenz zu fliehen und nahm ihm sozusagen die Gründe, auf die er sich berief, um seine Fluchtwünsche zu rechtfertigen.

»Sie waren sehr freundlich zu mir«, sagte er etwas mürrisch und zog seinen Arbeitskittel aus, der ganz verkrustet war mit Ton, Gips und Farben. Dann rief er ein anderes von den Mädchen, die draußen in der Sonne spielten, zu sich herein: »Carmilina! Komm mal bitte rein, ich muß dir was sagen!«

Das Mädchen hörte auf zu hüpfen und lief gehorsam herbei. Er erklärte: »Bitte setz dich auf diese Bank und paß auf, daß niemand etwas anrührt; und wenn jemand kommt, dann sagst du, daß ich gleich wiederkomme, ja?«

Als wir gingen, drehte ich mich um; da saß das Mädchen, brav, wie wir es gebeten hatten, und sah uns mit vertieftem Blick nach, den ich erst im nachhinein als eine Art resignierten Grolls verstanden habe. Einen Beweis dafür lieferte mir der Bildhauer selbst, als er nach wenigen Schritten sagte: »Die Kinder wissen, wer Ciro Domenica ist.« Er zog ein Foto aus seiner Brieftasche und reichte es mir: »Da, das war beim Nationalen Wettbewerb für künstlerische Krippengestaltung. Ich hab den zweiten Preis gewonnen. Und außerdem lasse ich mir nichts schenken. Ich mache den Kindern immer Geschenke. Manchmal haben sie keine Lust, etwas für mich zu tun und verziehen das Gesicht; aber wenn man sie fragt, was los ist, sagen sie nichts, denn so können sie sich bei ihren Freunden wichtig machen und sagen, sie hätten ganz allein auf Don Ciros Geschäft aufgepaßt. Wenn Sie sich in Kinder hineinversetzen können, werden Sie das gut verstehen . . . Sehen Sie, Sie haben Glück, daß Sie mich zufällig gefunden haben. Wäre meine Frau nicht gerade schwanger, wäre ich schon lange wieder in Deutschland.«

Auf einmal hielt er mitten im Satz inne. Eine junge Frau kam uns entgegen. Sie sah kindlich aus, mit blonden, zerzausten Haaren.

»Ruhig, sagen Sie meiner Frau nicht, daß wir über Deutschland gesprochen haben, sie läßt mich sonst bis morgen nicht in Ruhe.«

Ich beruhigte ihn und sah die Frau an, die langsam auf uns zuging; ihre ganze Person war klein, ausgenommen der Bauch; es sah aus, als schleppte sie ihn vor sich her und folgte dann langsam mit müdem Schritt, mit ihrem blassen Pappmachégesicht und ihren schwarzen Augenhöhlen. Ihre gesamte Erscheinung drückte Krankheit, Müdigkeit und Unzufriedenheit aus; sie sah aus, als wäre sie aus demselben grauen Ton gemacht wie die Hirten; seit Jahrhunderten waren ihre Rolle, ihre Gesten und Schritte festgelegt. Ihr Blick fragte, wer ich sei, woher ich Ciro Domenica kenne.

Aber ihr Mann war kurz angebunden, wie es ihm einem Fremden gegenüber richtig erschien. »Ich muß dem Herrn Professor etwas zeigen«, sagte er einfach. »Carmilina bewacht den Laden; und rühr das Päckchen da nicht an, das sind Hirten, die hat der Herr hier gekauft, und er möchte sie unbeschädigt zurück nach Rom mitnehmen.«

Sie nickte in einer Mischung aus Unnachgiebigkeit und Unterwürfigkeit; aber als sie hörte, daß der Fremde, der so geheimnisvoll aussah und der vielleicht gekommen war, um ihren Mann mitzunehmen, viel Geld für seine Hirten ausgegeben hatte, hellte sich ihr düsterer Blick auf, und sie grüßte traurig.

Giovannino Guareschi
Ein Weihnachtsmärchen

Es war einmal ein Gefangener ... Nein: es war einmal ein Kind ... Noch besser: es war einmal ein Gedicht ...

Nein, fangen wir so an: Es war einmal ein Kind, dessen Vater im Gefängnis war.

»Und das Gedicht?« werdet ihr sagen. »Was hat das Gedicht damit zu tun?«

Nun, das Kind hatte das Gedicht auswendig gelernt, um es seinem Vater am Weihnachtsabend aufzusagen. Aber wie wir schon erklärt haben, war der Vater des Kindes im Gefängnis, und zwar weit, weit weg.

Er war in einem seltsamen Land, wo der Sommer nur einen Tag dauerte und es oft sogar an diesem Tag noch regnete oder schneite. Es war ein außergewöhnliches Land, in dem alles aus Kohle erzeugt wurde: der Zucker, die Butter, das Benzin, der Reifengummi. Und manchmal sogar der Honig, denn die Bienen hier saugten nicht an Blütenknospen, sondern an Stücken von Anthrazit.

Es war ein Land ohnegleichen, in dem alles, was man zum Leben brauchte, mit so bewundernswerter Genauigkeit in Milligramm, Kalorien und Ampere berechnet wurde, daß es genügte, sich während einer Mahlzeit einmal zu verrechnen, um elend zu verhungern.

So standen die Dinge, als ich am Weihnachtsabend ankam. Die Familie saß rings um den Tisch, aber ein Platz blieb leer. Alle blickten gedankenverloren auf den leeren Platz, alle saßen stumm und unbeweglich im Zimmer, selbst die Uhr hatte ihr Ticken eingestellt, und die Flamme stand unbeweglich, wie festgefroren, im Kamin.

Plötzlich – niemand wußte, warum – erhob sich das kleine Kind von seinem Schemel, stellte sich vor den leeren Stuhl seines Vaters und rezitierte laut das Weihnachtsgedicht:

»Ding-dang-dong: die Kirchturmglocke
Läutet allen heute nacht
Und der große Silberstern
Ist am Firmament erwacht . . .«

Das Kind trug sein Gedicht vor dem leeren Stuhl seines Vaters vor, und als es fertig war, ging das Fenster auf, und ein Windstoß kam herein. Das Gedicht breitete seine Flügel aus und flog mit dem Wind davon.

»Das Gedicht breitete die Flügel aus?« werdet ihr fragen. »Wie geht denn das? Ist ein Gedicht vielleicht ein Schmetterling?«

Nein, ein Gedicht ist kein Schmetterling, sondern ein kleiner Vogel. Ein kleiner Vogel, der aus einem Stück blauen Himmel und einem Mondstrahl gemacht ist. Ein kleiner Vogel, der (wie eine Blütenknospe) im Herzen des Dichters geboren wird, sogleich aus seinem kleinen roten Käfig entweicht und auf das weiße Blatt hüpft, das auf dem Schreibtisch liegt.

Jetzt kann er aber noch nicht fliegen – das kann er erst, wenn der Dichter seine Feder eintaucht und ihm mit den schönsten Worten, die ihm nur einfallen, Flügel verleiht. Auf diese Weise wird jeder Vers des Dichters zu einer Vogelfeder, und wenn das Gedicht fertig ist, erhebt sich der Vogel in die Lüfte und trägt die Worte des Dichters durch die Welt. Und alle lesen sie, denn der kleine Vogel setzt sich – mit gespreizten Flügeln – auf jedes leere Blatt Papier, und man kann die Worte gut lesen, denn seine Flügel sind durchsichtig und mit chinesischer Tinte beschrieben.

Das Gedicht spreizte also die Flügel und flog mit dem Wind.

»Wohin soll ich dich tragen?« fragte der Wind.

»Bring mich in das Land, in dem der Vater meines Kindes weilt«, bat das Gedicht.

»Natürlich«, antwortete der Wind, »damit sie mich womöglich auch noch festnehmen und zur Zwangsarbeit schicken – damit ich ein Leben lang ihre Windmühlen antreiben muß! Nein, da ist nichts zu machen – steig ab!«

Aber das Gedicht bettelte so lange, bis der Wind einwilligte, es zumindest bis zur Grenze des Gebietes zu bringen.

Sie flogen und flogen durch die pechschwarze Nacht und gelangten schließlich an die Grenze. Der Wind stellte seinen Motor ab, das Gedicht stieg ab und ging zu Fuß zu der Hecke, die die beiden Länder voneinander trennte. Es war so kalt, daß dem armen Gedicht die Reime einfroren und es nicht mehr fliegen konnte.

»Wohin gehst du?« fragte es ein alter Mann, der vergeblich versuchte, mit einem Docht, den er an das Ende eines langen Stockes gebunden hatte, wenigstens ein paar Sterne am Himmel zum Leuchten zu bringen. »Wohin gehst du?« wiederholte er.

»Ins Konzentrationslager«, antwortete das Gedicht, ohne stehenzubleiben.

»O je«, jammerte der Alte. »Sperren sie jetzt auch schon die Gedichte ein? Was bleibt uns denn dann noch?«

Das Gedicht setzte trippelnd seinen Weg fort. Schließlich kam es an die Grenze. Sobald es aber die Hecke passiert hatte, fiel ein großes Netz auf es hernieder und hielt es gefangen.

»Wen haben wir denn da?« grinste ein großer eisenbewehrter Mann, der mit einer Laterne in der Hand herbeilief. »Wohin willst du? Wer bist du? Was steht auf deinen Flügeln? Bist du ein Spion?«

Das Gedicht erklärte ihm, wer es war und woher es kam, aber der Mann blieb mißtrauisch. Schließlich schien er überzeugt; er setzte seine Brille auf und las, was auf den Flügeln des Gedichts geschrieben stand.

»Ding-dang-dong: die Kirchturmglocke
Läutet allen heute nacht ...«

»Das geht nicht!« sagte er. »In Kriegszeiten sind akustische Signale bei Nacht verboten!«

Er nahm einen Füllfederhalter, tauchte ihn in chinesische Tinte und strich viele Wörter aus.

Schon bei den nächsten beiden Zeilen schüttelte er abermals den Kopf.

»Und der große Silberstern
Ist am Firmament erwacht ...«

»Nichts da! Das ist ein Verstoß gegen das Verdunkelungsgebot!« sagte der Mann und strich diese beiden Zeilen ebenfalls.

»Milch und Honig haben die Hirten
Dem Jesuskinde mitgebracht ...«

»Nichts da!« brummte er. »Das ist ein Verstoß gegen das Lebensmittelrationierungsgesetz!«

Seine Feder strich hurtig weiter.

»Und die drei Heiligen Könige
Haben sich auf den Weg gemacht . . .«

»Nichts da!« schrie er wütend. »Von Königen haben wir für alle Zeit die Nase voll! Weg damit!«

Und er strich auch diese Worte dick aus.

Schließlich nahm er einen großen Stempel, drückte ihn auf beide Flügel und sagte, nun könne das Gedicht eintreten.

»Aber so hat das doch keinen Sinn«, beklagte sich das Gedicht. »Mit diesen ganzen Streichungen bin ich doch kein richtiges Gedicht mehr.«

»Entweder so oder gar nicht!« erwiderte der Wächter unerbittlich und deutete auf ein großes beschriebenes Blatt. »Sieh her – das Gesetz enthält diesbezüglich klare, eindeutige Vorschriften!«

Tatsächlich, da stand unter anderem: In diesem Land, in dem alles prosaisch ist, erhalten Gedichte ein Einreiseverbot.

Traurig wandte sich das arme kleine Gedicht um; aber selbst wenn es gewollt hätte, es hätte nicht mehr davonfliegen können. Die frische Tinte des Mannes hatte ihm die Flügel gestutzt.

»Sei nicht traurig, Kleines«, sagte ein alter Mann mit einem sehr langen weißen Bart, der nahe der Grenzhecke am Wegesrand auf einem Stein saß. »Sei nicht traurig, daß sie dich nicht haben eintreten lassen! Stell dir vor – selbst mich haben sie nicht hereingelassen, obwohl ich sonst zu allen wichtigen Ländern dieser Erde ungehinderten Zugang habe! Seit Jahren sitze ich nun hier und warte auf Einlaß!«

»Und wer bist du?« fragte das Gedicht.
»Ich bin der Geist der Vernunft«, antwortete er.

Der Wind strich vorbei, und das Gedicht flehte ihn mit seinen verstümmelten Flügeln an: »Bitte, lieber Wind, nimm mich mit! Bring mich nach Hause zurück! Meine Flügel sind gestutzt, ich kann nicht mehr allein fliegen ... Ich geb dir auch das Doppelte dafür!«

»Ich kann nicht«, antwortete der Wind. »Im Moment habe ich zuviel zu tun. Ich muß süße Erinnerungen und Sehnsüchte in alle Häuser dieser Welt bringen. Jetzt ist die Stunde der Erinnerungen, und ich bin sehr beschäftigt.«

Das Gedicht zog also weiter durch die kalte Nacht, und schon nach kurzer Zeit begegnete ihm jemand auf der verlassenen Straße. Es war ein seltsamer, übel gelaunter Mann, der ständig vor sich hin brummte:

»O fröhliche Weihnacht,
O fröhliche Weihnacht,
Dies verfluchte Lied
Zerreißt mir das Herz!
O fröhliche Weihnacht,
O fröhliche Weihnacht,
Überall Krieg auf der Welt
Und Krankheit und Schmerz!...«

Wer war der alte Brummbär? Es war niemand anderer als der Weihnachtsmann, ganz in rot und mit langem weißem Bart, den Tragekorb auf den Schultern und eine Laterne in der Hand.

»He, du da!« rief er und blieb stehen, um das Gedicht eingehend zu betrachten.

Er setzte seine Brille auf und beugte sich herab, um die spärlichen Reste auf den Flügeln des kleinen Vogels lesen zu können. Sie lauteten:

»Die Kirchturmglocke
Und der große Silberstern
Haben sich auf den Weg gemacht ...
Dem Jesuskinde mitgebracht ...«

»Sieh an, sieh an!« rief der Weihnachtsmann. »Ein hermetisches Gedicht!«

Das Gedicht erklärte, es sei kein hermetisches Gedicht, sondern der traurige Rest eines echten Weihnachtsgedichts. Der Weihnachtsmann war gerührt und sagte: »Ich nehm dich mit nach Hause. Komm und spring in meinen Tragkorb – er ist fast leer.«

»Fast leer?« fragte das Gedicht erstaunt. »Der Tragkorb des Weihnachtsmanns?«

»Ja, leider«, seufzte der Alte.

»Wer denkt heut noch an Spielsachen
In dieser tristen Welt?
Wo Krieg das einzige noch ist,
Was uns zusammenhält?

Vorbei die elektrische Eisenbahn,
Um Kinder zu belohnen,
Heut macht man aus dem Eisen nur
Noch Waffen und Kanonen.

Ein schönes Schaukelpferd aus Holz,
Das gibt es auch nicht mehr;
Heut stellt man aus dem Material
Sogar schon Brote her!

Du möchtest eine Puppe haben?
Tut mir leid, mein kleines Mädchen!
Mit Holzspänen und Pappmaché
Beheizen wir das Städtchen!

Wer Süßigkeiten schlecken will,
Dem vergeht der Appetit,
Statt Bonbons macht aus Zucker man
Nun Stangendynamit!

Jedes Fragen ist umsonst,
Die Verkäufer verzieh'n das Gesicht.
›Panettone?‹ heißt es, ›Tut uns leid,
Gibt's auch diese Weihnachten nicht ...‹
Und allenfalls erklärt man noch
In ganz vorsicht'gem Ton,

Vielleicht klappt es zum Osterfest,
Das hoffen wir alle schon ...«

Der Weihnachtsmann schüttelte den Kopf und seufzte: »So kommt es, mein liebes Gedicht, daß mein Korb dieses Jahr nur voller Hoffnungen ist. Vielleicht klappt es ja nächstes Weihnachten ... Bis dahin komm ruhig mit mir.«

(Stalag, Dezember 1944)

ZWÖLFTES KAPITEL

DIE BEFANA KOMMT

Giovanni Pascoli
Die Befana oder Das Dreikönigsgeschenk

I.

Es geschah in der Nacht zum Dreikönigstag, der in Italien Befana genannt wird – nach der freundlichen Hexe, die den Kindern über Nacht Nüsse und kleine Geschenke in die Stiefel legt. Es war schon dunkel, und überall in der Gegend – in Castelvecchio, Paroli und Alviano – zogen kleine Gruppen von Kindern durch die Straßen und sangen: »Kommt und gebt, die Befana wird's euch lohnen ...«

Schnell brach die Nacht herein, der Mond jedoch ging heute sehr langsam auf. Es war schneidend kalt, ein eisiger Wind blies von Garfagnana herüber, und die Grüppchen von Kindern, die heute dem alten Brauch gemäß von Haus zu Haus zogen und um eine kleine Gabe baten, froren so sehr, daß sie nach zwei bis drei Besuchen wieder heimkehrten. Zu Hause vor dem Kamin, in dem die Kastanienholzscheite knisterten und eine wohlige Wärme verbreiteten, legten sie aus, was sie bekommen hatten: Nüsse, Mandeln, Plätzchen und Kastanien – kurz, die ›Befana‹.

Die Erwachsenen holten zur Feier des Tages eine gute Flasche Wein aus dem Keller, leerten sie und erzählten einander, wie schön das Dreikönigsfest früher gewesen war, als sie noch Kinder waren, und dachten bei sich, wie schnell doch die Zeit verging.

Ein paar Kinder waren noch draußen; sie waren in der Kirche von Castelvecchio gewesen und gingen jetzt den Hügel herunter, wobei sie ein neues, schönes Dreikönigslied sangen, das man hier im Ort noch nie gehört hatte. Die Straße, die sie entlangliefen, war nur für Fußgänger und Maultiere geeignet; sie verlief zunächst zwischen zwei niedrigen Steinmauern, war dann rechts und links von Farnen und Unkraut umgeben, führte an Weinhecken und Obstbäumen entlang zum Ufer des Orso und mündete schließlich in einen stattlichen Kastanienwald. Die Jungen und Mädchen lenkten ihre Schritte nach rechts und erreichten nach wenigen Metern den Kirchhof – mit Kirche und Pfarrhaus auf der einen, einer kleinen Mauer auf der gegenüberliegenden und dem Pfarrgarten auf der dritten Seite. Die Kinder stellten sich an den Eingang zum Pfarrhaus und sangen:

»Seht, da kommt sie, die Befana,
Über Felsen, Berg und Tal.
Regen, Schnee und Graupelschauer
Machen ihr den Weg zur Qual,
Aber sie kommt allemal.

Seht, da kommt sie, die Befana,
Die Arme vor der Brust gekreuzt,
In 'nen Mantel aus Schnee gehüllt,
Frost beschützt sie wie ein Schild,
Ihre Stimme ist der Wind,
Wenn sie um die Ecken heizt.

Die Befana fühlt und sieht,
Wenn den Menschen Leid geschieht.
Ist ein Haushalt ohne Brot,
Liegt ein Kind krank auf den Tod,
Leidet die Familie Not,
Hilft sie, ohne daß man's sieht.«

Die Kinder hielten inne. Die Tür ging auf, der Pfarrer erschien und segnete sie, und seine Haushälterin gab ihnen Süßigkeiten und Nüsse.

»Das ist ein schönes Lied«, sagte der Pfarrer. »Wer hat es euch beigebracht?«

»Unsere Lehrerin, Hochwürden. Das Fräulein Virginia.«

II.

Die Kinder zogen weiter nach San Chirico, zu ihrer Lehrerin Virginia. Unterwegs hörten sie eine Stimme, die sie bat, umzukehren und nach Hause zu gehen. Den Kindern wurde es unheimlich, und obwohl einige von ihnen meinten, sie wollten auf alle Fälle noch die Lehrerin besuchen, das hätten sie ihr schließlich versprochen, sprach nicht nur die geheimnisvolle Stimme, sondern auch das Wetter gegen einen Besuch. Der Himmel war schwarz, und es schneite jetzt so stark, daß man die Hand nicht mehr vor Augen sah. Schließlich siegte die Vernunft, und sie gingen zurück nach Hause.

Oder war es doch diese geheimnisvolle Stimme gewesen?

III.

Das Haus der Lehrerin war dicht verschneit, aber drinnen war es hell und warm. ›Wozu der ganze Aufwand mit dem Kaminfeuer?‹ sagte sich Virginia, die junge Volksschullehrerin, traurig. Sie war allein im Haus. Ihre alte Haushälterin war vor ein paar Tagen für immer in ihre Heimat gefahren, weil ihr, wie sie sagte, die Bergluft nicht bekomme und sie mit den Leuten hier oben nicht reden könne. Bis sie eine neue Haushälterin fand, würde sie wohl allein in dem großen Haus bleiben müssen. Dabei war es heute, am Vorabend des Dreikönigstages, an dem alle Kinder fröhlich und ausgelassen sind, besonders schlimm, so einsam zu sein.

Virginia dachte an ihren Vater, der vor elf Jahren gestorben war. Nur ein Jahr später war dann auch die Mutter gestorben, im Kindbett, und hatte sie, die zehnjährige Virginia, mit der kleinen Maria allein gelassen.

Arme Maria! Auch sie war seit fünf Jahren tot. Fünf Jahre, eine endlos lange Zeit, die aber dennoch wie im

Fluge vergangen war, weil sie wenig Erinnernswertes enthielt.

Dabei hatte Virginia ihre kleine Schwester immer so lieb gehabt! Wie ein Vermächtnis ihrer Mutter war es ihr erschienen, für das Mädchen zu sorgen, sie war ihr Vater und Mutter zugleich gewesen. So gut sie konnte. Sie mußte ja in Marias ersten beiden Lebensjahren noch zum Studium in die Großstadt und konnte der kleinen Schwester oft wochenlang nur schreiben. Ob sie im Hörsaal saß oder in ihrer kleinen Studentenbude, immer dachte Virginia an ihr Schwesterchen.

Sobald das Studium beendet war und sie als Lehrerin ihr erstes Geld verdiente, ging sie zur Tante, die nichts dagegen hatte, das Kind wieder abgeben zu können, und holte die kleine Maria zu sich heim. Die zwei bis drei Jahre, die sie dann miteinander verlebten, waren ärmliche Jahre, aber für Virginia war es die schönste Zeit ihres Lebens gewesen. Bis ...

Virginias Augen füllten sich mit Tränen, und sie brauchte ihre ganze Kraft, um gegen den Schmerz anzukämpfen. Sie zitterte und weinte vor sich hin, bis der Schmerz in ihr nachließ und wieder zu dem wurde, was er immer war – ein dumpfes, eintöniges Gefühl, das sie seit damals nicht mehr losließ.

Sie hing so sehr am Leben, die arme kranke Maria, und ihre müden kleinen Augen schienen zu sagen: Laß mich nicht los, Schwesterchen, ich will nicht gehen, es ist noch zu früh ... Aber dann war der Tod stärker gewesen.

Ganz still und tapfer hatte sie gelitten, so wie sie sich nie darüber beklagt hatte, daß Virginia ihr nichts zum Naschen, nichts Hübsches zum Anziehen kaufen konnte, und sie waren trotzdem immer glücklich miteinander gewesen ...

IV.

Virginia holte Marias Schuhe und Strümpfe aus ihrem Zimmer und ging wieder hinunter in die Küche. Sie legte ein paar Holzscheite nach und betrachtete gedankenverloren die Sachen, die ihre kleine Schwester zuletzt getragen hatte. Wenn sie die Küche heute sehen könnte – so blitzsauber, und jetzt war alles da, was man brauchte ...

Plötzlich hörte sie durch die Haustür einen wilden, heiseren, gequetschten Laut, der sich in kurzen Abständen wiederholte. Virginia dachte sofort an die herrenlose Katze, die hier in der Gegend mit ihrem jungen Kätzchen herumstreunte. Sie ging nachsehen.

Die Katze saß vor der Tür, ihr Junges neben ihr. Draußen herrschte ein entsetzliches Schneetreiben; kein Wunder, dachte Virginia, daß es bei dem Wetter selbst die Tiere nicht mehr im Freien hält! Behutsam nahm sie das Katzenjunge auf und trug es in die Nähe des warmen Herdes. Sie ließ die Haustür offen stehen, damit auch die Katzenmutter nachkäme, aber die schnurrte nur, zufrieden, daß sie ihr Junges in Sicherheit wußte, und trollte sich davon. Es dauerte nicht lange, da schnurrte das Kätzchen behaglich, und Virginia wollte gerade die Haustür schließen, als sie mitten im Schneegestöber eine Kinderstimme »Mama! Mama!« rufen hörte.

War da draußen tatsächlich ein Kind? Oder hatte ihr nur ihre Phantasie einen Streich gespielt? Wahrscheinlich. Seit Marias Tod hatte sie solche Sinnestäuschungen öfter, wenn sie allein mit sich war. Sie schloß die Tür und ging zum Herd. Es war Zeit, das Abendessen vorzubereiten.

Aber der Schrei ging ihr nicht mehr aus dem Kopf. Sie stellte sich vor, ihre kleine Maria stünde da draußen im Schnee und riefe vergeblich um Hilfe. Sie ging noch mal zur Tür und machte sie einen Spalt breit auf. Da war es wieder, und diesmal ganz deutlich: »Mama! Mama!«

Virginia warf die Tür zu. Sie zitterte vor Angst. Das war doch nicht möglich . . .

Sie nahm all ihre Kräfte zusammen, riß die Tür auf und rief: »Wer ist da? Bist du's, Maria?«

»Mama! Mama!«

»Hallo! Ist da jemand?«

Die Stimme verstummte. Ein, zwei Sekunden lang war es still. Dann hörte Virginia ein heiseres Krächzen, das aus der Richtung der großen Eiche kam. Sie ging ins Haus, holte ihren Mantel und eine Laterne und machte sich auf den Weg zum Baum. Dort sah sie ein schwarzes Bündel, das sich leise wimmernd auf sie zubewegte. Als sie näher kam, hörte das Bündel auf zu wimmern. Virginia bückte sich. Zwei große Kinderaugen sahen sie an.

V.

»Frierst du? Hast du Hunger? Bist du müde? Wo kommst du denn her bei dem Wetter?« fragte Virginia. Der Schnee dämpfte ihre Stimme. Das Kind sah sie schweigend an.

»Wolltest du zu mir? Warum hast du nicht an meine Tür geklopft? Warum hast du nicht gerufen?«

Keine Antwort.

»Na, komm erst mal rein. Willst du nicht mitkommen? Du kannst dich bei mir aufwärmen, ich mach dir was zu essen und ein Bett für die Nacht. Komm.«

Sie nahm das Kind bei der Hand und ging mit ihm zum Haus. Bei jeder Bewegung des Kindes spritzte der Schnee nach allen Seiten davon.

Sie traten ein. Virginia schob das Mädchen sanft auf die Eckbank am Ofen. Dann legte sie noch einmal Holz nach, bis das Feuer munter prasselte.

»Gut so?«

»Ja«, antwortete das Mädchen. Es war sein erstes gesprochenes Wort, und Virginia fiel der Dialekt in der

Aussprache des Kindes auf. Es war der Dialekt ihres Geburtsortes in der Romagna, den auch ihre Eltern sprachen.

Sie fragte: »Du kommst aus der Romagna, stimmt's?«

»Ja, ich glaub schon.« Wieder dieses vertraute, in dieser Gegend ganz ungewöhnlich verwischte ›Ja‹.

»Was meinst du mit: Ich glaub schon? Weißt du es nicht?«

»Doch. Mein Vater war aus der Romagna. Aber er hat dort schon lange nicht mehr gelebt. Ich bin in den Bergen von Carrara geboren.«

»Dein Vater ›war‹ aus der Romagna, sagst du? Dann lebt er also nicht mehr, dein Papa?«

»Doch ... das heißt, nein ...« Das Mädchen war sichtlich verwirrt und entkräftet und kurz davor, in Tränen auszubrechen. Virginia hörte auf zu fragen. Statt dessen schlug sie vor: »Ich mach uns was zu essen. Du hast bestimmt Hunger, nicht wahr?«

Das Mädchen kämpfte immer noch mit den Tränen.

»Nicht weinen, mein Kleines. Schau, ich hab auch keinen Papi und keine Mami mehr. Ich habe niemanden mehr.«

Und sie dachte wieder an ihre kleine Maria, die auf immer von ihr getrennt war und zwei Kilometer entfernt unter der Erde lag. Sie würde sie nie wiedersehen – aber hier war ein anderes kleines Mädchen, das sie brauchte, dem sie ihre Zuwendung geben konnte.

»Wie heißt du?«

»Maria«, antwortete die Kleine verwundert, als wäre das selbstverständlich, und sah Virginia mit großen Augen an.

Seltsam, dachte Virginia: derselbe Name, dasselbe Alter, derselbe magere, schlanke Körper, dasselbe blasse Gesichtchen, derselbe Dialekt wie meine Maria ... Sie fühlte einen Kloß im Hals. Dann nahm sie das Kind in den Arm und küßte es.

»Du Arme! Du hast ja weder Schuhe noch Strümpfe

an! Schau, hier habe ich welche für dich, ganz warm, sie waren am Ofen ... Hab keine Angst, mein Kleines, du bist doch hier zu Hause ...«

Stumm wie eine Puppe ließ Maria sich anziehen. Schuhe und Strümpfe paßten ihr wie angegossen.

»Und wie löcherig und kaputt dein Kleidchen ist! Da mußt du ja frieren! Wart mal.«

Sie ging hinauf in die Kammer und holte das Kleid, das ihre Schwester so gern getragen hatte. Dazu wählte sie eilig Hemd und Unterhemd, ging wieder in die Küche und zog das Mädchen an. Anschließend frisierte sie es, wobei sie ein paar welke Blätter aus den verfilzten Haaren entfernen mußte. Wie schön Maria jetzt aussah! Und wie müde!

»Hast du Hunger, mein Schatz? Komm, ich mach dir ein paar Rühreier, ganz frisch, von meinen eigenen Hühnern, so, wie du sie magst.«

Sie holte ein paar Eier, goß etwas Olivenöl in eine Pfanne und briet die Eier an. Dann aßen sie. Während des Essens blieb Maria stumm und ließ die offensichtlich ungewohnte mütterliche Fürsorge Virginias scheu und willenlos über sich ergehen. Nur ein paarmal blickte sie verstohlen auf Virginias Hände – um zu sehen, wie man mit Messer und Gabel aß.

VI.

Nach dem Essen wechselte Maria wieder auf die Ofenbank. Virginia hatte ihr das traditionelle Dreikönigsgeschenk, die Befana, auf einen Teller gelegt – Herzen, Küken und Kastanien aus Teig. Maria nahm die Plätzchen einzeln in die Hand und betrachtete sie verzückt; sie wagte es nicht, auch nur eines davon zu essen, so sehr gefielen sie ihr.

Virginia räumte die Küche auf und betrachtete verstohlen das kleine Mädchen, das von Kopf bis Fuß die

Sachen ihrer verstorbenen Schwester anhatte und ihr jetzt noch ähnlicher sah.

»Maria . . . «

Das Kind sah zu ihr auf.

»Maria . . . und wie heißt du noch?«

Maria antwortete nicht.

»Wie heißt du mit Familiennamen? Weißt du es nicht?«

Kopfschütteln.

»Wie hieß denn dein Vater?«

»Er hieß. . . Giuseppe.«

»Und weiter? Mit Nachnamen?«

Das Mädchen zögerte. Es wurde rot, seine Hände zitterten.

»In Lama nannte er sich Modesti . . . «

»In Lama? Er war in Lama?«

»Ja, seit drei oder vier Jahren . . . «

»Und vorher?«

»Im Steinbruch von Carrara, Marmor hauen . . . «

»Und warum seid ihr von Carrara nach Lama gezogen?«

Maria antwortete nicht. Ihr Kinn zitterte, ihr Blick war starr auf den Boden geheftet. Es war offensichtlich, daß sie jetzt nichts mehr sagen konnte oder wollte.

Nach einigen Minuten fragte Virginia:

»Und deine Mama? War sie nicht bei euch?«

»Nein . . . «

»Dann habt ihr da unten ganz allein gewohnt, dein Papa und du?«

»Ja.«

»Und was hat dein Papa gemacht?«

»Ist arbeiten gegangen, hat Schafe gehütet, Kastanien gepflückt, Bäume gepflanzt . . . «

Virginia hätte noch viel zu fragen gewußt, aber als sie sah, daß die Kleine zitterte und den Tränen nahe war, hörte sie auf. Wozu auch noch mehr erfragen? Es gab keinen Zweifel, das hier war tatsächlich ihre kleine Schwester, die draußen vor ihrer Tür beinahe erfroren wäre, ihre liebe Maria, die heute durch Eis und Schnee zum Dreikönigsfest zu ihr gekommen war!

Virginia nahm ihre Schwester in den Arm und drückte sie fest an sich.

»Und du? Magst du mir keinen Kuß geben?«

Maria sprang auf, umarmte sie und küßte sie mit demselben wilden Ungestüm, mit dem sie sich vorhin über das Essen hergemacht hatte.

Nachdem sie ein paar Sekunden lang schweigend und in inniger Umarmung dagestanden hatten, meinte Virginia: »Es ist schon spät, und du bist müde. Willst du nicht schlafen gehen? Komm, ich mach dir dein Bett.«

Innerhalb weniger Minuten war Maria eingeschlafen. Virginia saß auf einem Stuhl neben ihrem Bett und betrachtete das schlafende Mädchen. Alles war wie ein Traum. War es denn möglich? War dies tatsächlich ihre kleine Schwester? Wer weiß, dachte sie, ob es meiner Maria recht gewesen wäre, daß ich ihr einfach ihre Sachen angezogen habe. Aber ich hatte doch nichts anderes, und das Mädchen brauchte die Sachen ...

Sie trat noch einmal ans Bett, zog die Decke, die etwas heruntergerutscht war, zurecht und verließ auf Zehenspitzen das Zimmer.

VII.

Obwohl sie die Nacht zuvor lange wach gesessen hatte, stand Virginia am nächsten Morgen sehr zeitig auf. Sie öffnete das Fenster. Draußen war alles tief verschneit. Die Kirchtürme hatten weiße Mützen auf. Ein leichter Nordwind brachte kühle, saubere Luft von den Bergen herüber. Die weiße Schneedecke, unter der die Landschaft lag, war noch unberührt, und vom nächtlichen Besuch der Befana und der Heiligen Drei Könige war ebenfalls keine Spur zu sehen.

Überall im Land machten die Mütter jetzt das Herdfeuer an, und ihre Kinder fielen staunend über die Geschenke her, die ihnen die Befana in der Nacht gebracht hatte. Virginia erinnerte sich daran, daß auch sie heute nacht ein Geschenk bekommen hatte, und sie war unbeschreiblich glücklich darüber. Sie schloß das Fenster, ging die Treppe hinunter und machte Feuer. Auf dem Kaminsims lag ein Strumpf ihres verstorbenen Schwesterchens; sie nahm ihn und tat eine Orange, ein paar Bohnen und eine Handvoll Nüsse hinein. Dann ging sie hinauf, um die kleine Maria zu wecken.

Sie fand sie halb angezogen vor, mit ihren nackten Füßchen vor dem Bett kniend, mit ihren Strümpfen in der Hand, wie sie die zwei neuen Schuhe anstarrte, die vor ihr auf dem Boden standen. Sie getraute sich nicht, sie anzuziehen, und als Virginia hereinkam, sah sie sie fragend an.

»Ist es wirklich wahr?«

»Natürlich ist es wahr. Du bist bei mir. Ich behalte dich bei mir, solange du willst. Ich hatte eine kleine Schwester. Sie ist gestorben. Jetzt habe ich dich.«

»Natale«, das italienische Wort für Weihnachten, kommt von »dies natalis«, dem Geburtstag Christi; gleichzeitig wird astrologisch nach der längsten Nacht des Jahres ein neues Jahr ›geboren‹ (»dies natalis solis«), auch wenn das nach unserem Kalender erst am 1. Januar der Fall ist.

Wie feiern die Italiener Weihnachten? Die Antwort ist kurz und wenig spektakulär: So ähnlich wie wir auch. Man ißt im Familienkreis, geht in die Kirche und beschenkt sich. Mit einem Unterschied: Den Brauch des Christbaums, der aus dem Elsaß stammen soll, pflegt man hauptsächlich im ehemals deutschen Südtirol, aus dem auch viele der hier versammelten Spuklegenden stammen, und in Teilen Siziliens; er hat sich nicht in ganz Italien durchgesetzt. Dafür wird in unserem katholischen Nachbarland mehr Mühe auf die Ausgestaltung der Krippe verwandt. Ansonsten sind die Bräuche – wie auch die weihnachtlichen Vor-, Haupt- und Nachspeisen – von Ort zu Ort, von Region zu Region so unterschiedlich, daß wir sie nicht alle nennen können. Freilich ist die italienische Weihnachtsfeier in dieser opulenten Form relativ jung: bis zum Ende des Zweiten Weltkriegs war es nur ein kirchliches Fest ohne jeden privaten Geschenkcharakter.

A propos Geschenke: Früher bekamen die »Bambini« ihre Gaben erst am 6. Januar, dem Dreikönigstag. Da kam die gute Hexe Befana und tat ihnen über Nacht etwas in den Stiefel – mehr oder weniger, je nachdem, ob sie brav gewesen waren oder nicht. Der Name »Befana« ist eine Verniedlichung von »Epiphania(s)«, dem Tag, an dem die freundliche Hexe von Haus zu Haus zieht. Einst war dies der einzige private Festtag in der Familie; erst in den letzten Jahrzehnten hat – in Angleichung an das übrige Westeuropa – der 24. Dezember als Familienfest auch in Italien die Hauptrolle übernommen.

In den hier versammelten Geschichten werden ein paar festliche Besonderheiten genannt, die zumindest regional von Bedeutung sind: der Panettone, eine Art Hefestollen, die Torroni, ein Mandelkonfekt, Plätzchen, Krippenfiguren, Schalmeimusik und Gesellschaftsspiele. Die drei letzteren sind vor allem im ländlichen Sizilien, dessen Brauchtum aufgrund der Insellage und der tiefen Frömmigkeit der Menschen überlebt hat, noch heute zu finden.

Hier, wo die Plätzchen religiösen Symbolen nachgebildet sind und wo es ganze Krippenlandschaften aus Kuchenteig gibt, feiert man kein besinnliches Weihnachtsfest im engsten Familienkreis, sondern ein geselliges Straßenfest mit Maroni und kandierten Früchten, Musik und Wein, Böllern und Raketen. Hier fielen einst Weihnachts- und Neujahrsfeier zusammen, und einmal, im 16. Jahrhundert, sah sich der Bischof von Syrakus sogar gezwungen, den König Ferdinand III. um Abschaffung der Weihnachtsmessen zu bitten, denn die orgiastischen Zustände vor, während (!) und nach der Messe seien mit dem frommen Anlaß nicht mehr zu vereinbaren...

Aber das ist Geschichte. Bei allem südländischen Temperament – Ausschweifungen dieser Art sind heute nicht mehr zu befürchten. Der importierte Nikolaus hat mit seinem dicken Sack voll Plastikspielzeug die alte, bescheidene Befana in der Gunst der Kinder auf Platz zwei verdrängt, und mit den Traditionen gerät der magische Zauber des Festes in Vergessenheit – wenn es da nicht noch ein paar alte Märchen und Legenden gäbe...

Märchen, Sagen und Geschichten haben in Italien eine lange Tradition. Die günstige Verkehrslage als Drehscheibe des Handels zwischen Nord und Süd, Orient und Okzident brachte bereits dem antiken Italien eine Reihe alter Mythen und märchenähnlicher Stoffe aus dem griechischen und ägyptischen Raum. Die germanische Völkerwanderung im 4.-6. Jahrhundert n. Chr. führte zur

Aneignung keltischer und germanischer Einflüsse, und im Mittelalter kamen persische und indische Stoffe dazu. Reisende erzählten einander Geschichten, um sich die lange Zeit unterwegs zu verkürzen, und so mancher Einheimische ließ sich für einen ortskundigen Hinweis, ein Essen oder eine Übernachtung nicht nur mit barer Münze, sondern auch mal mit einer schönen Geschichte belohnen.

Insbesondere Venedig und Neapel, diese beiden Hauptstädte des Seehandels, waren die großen Umschlagplätze für Erzählstoffe. Kein Zufall, daß die »klassischen« Märchensammler Gianfrancesco Straparola (ca. 1480–1557) und Giambattista Basile (1575–1632; er veröffentlichte das berühmte ›Pentamerone‹ im neapolitanischen Dialekt) aus genau diesen Städten stammen. Die beiden brauchten nur ins Hafenviertel zu gehen und die Ohren zu spitzen.

Bis in unser Jahrhundert hinein wurden in Italien quer durch die Regionen zahlreiche und vielfältige Märchen und Geschichten gesammelt – als schließlich Italo Calvino (1923–85) im Jahre 1956 mit seinen ›Fiabe italiane‹ all dem Sammlerfleiß ein Denkmal setzte, indem er 200 der besten und »regionaltypischsten« Geschichten auswählte und das, was bisher nur in der Dialektform existierte, ins Italienische »übersetzte«. Es wurde eine prächtige Sammlung für alle großen und kleinen Italiener; endlich gab es italienische Volksliteratur für ein breites Publikum.

Aber auch noch in anderer Hinsicht ist diese Sammlung typisch für ihr Land: Von den 200 Märchen der unterschiedlichsten Art ist genau ein einziges, »Die Truthenne«, als weihnachtlich zu bezeichnen (und daher natürlich in unserem Band vertreten). Aus den oben genannten Gründen – die italienische Weihnacht als Kirchenfest ohne viel Einfluß auf das private Leben – sah man wohl keine Notwendigkeit, Weihnachtsgeschichten zu sammeln und gesondert herauszugeben. Erst in allerjüngster Zeit veröffentlichte Francesco Grisi die Anthologie ›Il Natale – Storia e leggende‹, der auch einige unserer Geschichten entnommen sind – unseres Wissens das erste Beispiel seiner Art.

Wer dem noch originelle Funde entgegensetzen will, ist in der Regel auf den Zufall angewiesen – der dem Herausgeber im einen oder anderen Falle günstig war. Natürlich kann auch die vorliegende Sammlung keinerlei Vollständigkeit beanspruchen. Doch möchte sie ein paar Bilder vom alten, ländlichen Italien vermitteln, das wir Deutschen trotz unserer Reiselust nicht (mehr) kennenlernen können.

Tilmann Kleinau

Literatur:

Gonzenbach, Laura (Hrsg.): Sicilianische Märchen. Leipzig, 1870 u. ö.

Italienische Märchen. Herausgegeben und übersetzt von Felix Karlinger. München 1973; Reinbek 1992.

Calvino, Italo: Italienische Märchen (Auswahl). Übersetzt von Lisa Rüdiger. Zürich 1975.

Italienische Märchen – Der ›Pentamerone‹ des Giambattista Basile. Herausgegeben von Walter Boehlich. Deutsch von Felix Liebrecht. Frankfurt/Main, 1982.

Die Braut, die von Luft lebte – und andere italienische Märchen. Gesammelt und nacherzählt von Italo Calvino. Aus dem Italienischen von Burkhart Kroeber. München 1993.

Für Hinweise danke ich Herrn Prof. em. Dr. Johannes Hösle, Frau Daniela Pecchioli und Herrn Dr. Wolfgang Salzmann (alle Universität Regensburg).

Quellennachweis

Kapitel I.

Italo Calvino (1923–1985): Die Söhne des Weihnachtsmanns (I figli di Babbo Natale). In: I. Calvino, Marcovaldo ovvero Le stagioni in città, 1963. © Palomar Srl. 1990. Aus dem Italienischen von Tilmann Kleinau.

Giovannino Guareschi (1908–1968): Gelb und Rosa. In: G. Guareschi, Don Camillo und Peppone (Piccolo mondo di Don Camillo, 1948), Salzburg 1950, S. 479–486. Aus dem Italienischen von Alfons Dalma. © Otto Müller Verlag, Salzburg.

Anon.: Der Carabiniere (Il carabiniere). In: Cecilia Gatto Trocchi/V. Cerami (hg.), Fiabe di Roma e del Lazio, Mailand 1985, S. 124–128. © Arnoldo Mondadori Editore, Mailand. Aus dem Italienischen von Tilmann Kleinau.

Kapitel II.

Anon.: Die Flucht nach Ägypten (La fuga in Egitto). In: Cecilia Gatto Trocchi (hg.), Fiabe abruzzesi, Mailand 1982, S. 247–254. Aus dem Italienischen von Tilmann Kleinau.

Anon.: Sankt Nikolaus, der Patron der Seefahrer. In: A. von Mailly (hg.), Sagen aus Friaul und den Julischen Alpen, Leipzig 1922, S. 86–87.

Anon.: Der Patriarch Bertrand von Aquileja. In: ebda., S. 109–110.

Anon.: Anastasia (Leggenda delle Alpi Occidentali). In: Francesco Grisi, Il Natale – Storia e leggende, Rom 1988, S. 54–57. Mit freundlicher Genehmigung von Newton Compton Editori, Rom. Aus dem Italienischen von Tilmann Kleinau.

Anon.: Der Wacholderbaum (La leggenda del ginepro), erzählt von Amabilia Pocai. In: Gastone Venturelli (hg.), Leggende e racconti popolari della Toscana, Rom 1983, S. 33–34. Aus dem Italienischen von Tilmann Kleinau.

Anon.: Warum die Heilige Anna keinen Festtag bekam (Pirchi Sant' Anna 'un havi la sò festa). In: Giuseppe Pitrè (hg.), Fiabe e leggende popolari siciliane, Bologna 1969. Faksimile-Druck der Originalausgabe von 1870–1913, Bd. 5, S. 136. Aus dem Italienischen von Tilmann Kleinau.

Kapitel III.

Turi Vasile (*1922): Die Schalmei des Delfo (La ciaramella di Delfo). In: T. Vasile, Paura del vento e altri racconti, Palermo. © 1987 Sellerio editore, Palermo. Aus dem Italienischen von Tilmann Kleinau.

Renato Fucini (1843–1921): Eine schöne Erinnerung (Dolci ricordi). In: R. Fucini, Le veglie di Neri (Erzählungen), Mailand 1884; wieder abgedr. in: Vladimiro Macchi (hg.), Anthologie der modernen italienischen Literatur. Halle an der Saale 1953, S. 22–24. Aus dem Italienischen von Tilmann Kleinau.

Edmondo de Amicis (1846–1908): Gute und schlechte Zeiten (Ricordi di Natale). In: E. de Amicis, Nel regno del cervino, Mailand 1908, S. 89–100. Aus dem Italienischen von Tilmann Kleinau.

Kapitel IV.

Anon.: Der Milchhändler (Leggenda piemontese). In: Francesco Grisi, Il Natale – Storia e leggende, Rom 1988, S. 57. Mit freundlicher Genehmigung von Newton Compton Editori, Rom. Aus dem Italienischen von Tilmann Kleinau.

Anon.: Der Fischer Nereo (Leggenda ligure). In: ebda., S. 58–60. Mit freundlicher Genehmigung von Newton Compton Editori, Rom. Aus dem Italienischen von Tilmann Kleinau.

Anon.: Die beiden Hirten (Leggenda marchigiana). In: ebda., S. 60. Mit freundlicher Genehmigung von Newton Compton Editori, Rom. Aus dem Italienischen von Tilmann Kleinau.

Anon.: Nencietto (Leggenda toscana). In: ebda., S. 60–61. Mit freundlicher Genehmigung von Newton Compton Editori, Rom. Aus dem Italienischen von Tilmann Kleinau.

Anon.: Der Schlosser Teodoro (Leggenda umbra). In: ebda., S. 61. Mit freundlicher Genehmigung von Newton Compton Editori, Rom. Aus dem Italienischen von Tilmann Kleinau.

Anon.: Die heilige Madonna des Schnees (Leggenda abruzzese). In: ebda., S. 62–64. Mit freundlicher Genehmigung von Newton Compton Editori, Rom. Aus dem Italienischen von Tilmann Kleinau.

Kapitel V.

ANON.: DIE TRUTHENNE (La tacchina), erzählt von Annunziata Palermo. In: Italo Calvino (hg.), Fiabe italiane raccolte dalla tradizione popolare durante gli ultimi cento anni e trascritte in lingua dai vari dialetti, Turin 1956, S. 679–687. Aus dem Italienischen von Tilmann Kleinau.

ANON.: DER MÜLLER AUS EGLIO (La leggenda del mugnaio di Eglio), erzählt von Amabilia Pocai. In: Gastone Venturelli (hg.), Leggende e racconti popolari della Toscana, Rom 1983, S. 34–37. Aus dem Italienischen von Tilmann Kleinau.

Kapitel VI.

ANON.: DIE SAGE VOM PANETTONE (La leggenda del panettone), erzählt von Giuseppina Lorenz-Perfetti. In: Prime letture – Erste italienische Lesestücke. © 1987 Deutscher Taschenbuch Verlag, München.

GIUSEPPE GIRONDA: DIE NACHT DER TORRONI (La notte dei torroni). In: Francesco Grisi, Il Natale, Rom 1988, S. 210–213. © Giuseppe Gironda. Aus dem Italienischen von Tilmann Kleinau.

EMILIO CECCHI (1884–1966): FEIERLICHE TISCHREDE AM WEIHNACHTSABEND (Sermone di Natale). In: E. Cecchi, Pesci rossi. Nuova edizione con uno scritto di Giuseppe de Robertis, Florenz 1940, S. 55–61. © Vallecchi editore, Florenz. Aus dem Italienischen von Tilmann Kleinau.

Kapitel VII.

ANON.: DIE JUNGE HEXE VON SAN NICOLÒ DEI MENDICOLI (La streghetta di San Nicolò dei Mendicoli). In: A. Scandellari (hg.), Leggende di Venezia, Venedig 1984, S. 24–31. Aus dem Italienischen von Tilmann Kleinau.

ANON.: DIE TÄNZER AM ADVENTSSONNTAG. In: A. von Mailly (hg.), Sagen aus Friaul und den Julischen Alpen, Leipzig 1922, S. 60.

ANON.: DIE MISSLUNGENE ERLÖSUNG. In: ebda., S. 66/67.

ANON.: DER TEUFEL UND DER ERZENGEL AUF DER BRÜCKE VON PAVIA (Il diavolo e l'arcangelo sul ponte). In: Lidia Beduschi (hg.), Leggende e racconti popolari della Lombardia, Rom 1983, S. 149. Aus dem Italienischen von Tilmann Kleinau.

Kapitel VIII.

GIOVANNI VERGA (1840–1922): ZUM KARNEVAL GEH RUHIG AUS... (»Il carnevale fallo con chi vuoi; Pasqua e Natale falli con i tuoi«, 1883). In: G. Verga, Tutte le novelle. Introduzione, testo e note a cura di Carla Riccardi, Mailand 1979, S. 916–919. Aus dem Italienischen von Tilmann Kleinau.

FEDERIGO TOZZI (1883–1920): DIE CHRISTNACHT (La notte di Natale). In: F. Tozzi, Eine Geliebte – Erzählungen, München/Zürich 1990, S. 278–283. Aus dem Italienischen von Moshe Kahn. © R. Piper GmbH & Co. KG, München 1990.

ALBERTO BEVILACQUA (*1934): ANRUF AM WEIHNACHTSABEND (La telefonata di Natale). In: Francesco Grisi, Il Natale, Rom 1988, S. 178–188. © Alberto Bevilacqua. Aus dem Italienischen von Tilmann Kleinau.

Kapitel IX.

FEDERIGO TOZZI (1883–1920): DAS WEIHNACHTSSCHWEIN (Il porco del Natale). In: F. Tozzi, Eine Geliebte – Erzählungen, München/Zürich 1990, S. 63–69. Aus dem Italienischen von Moshe Kahn. © R. Piper GmbH & Co. KG, München 1990.

NINO PICCIONE: WEIHNACHTEN 1918 (Natale 1918). In: Francesco Grisi (hg.), Il Natale, Rom 1983, S. 43–46. © Nino Piccione. Aus dem Italienischen von Tilmann Kleinau.

Kapitel X.

ANON.: DIE BERCHTL BEI DER BRÜCKE IN VIRGEN. In: Ignaz V. Zingerle (hg.), Sagen aus Tirol. Zweite, vermehrte Aufl., Innsbruck 1891, S. 22–23.

ANON.: DER EISERNE HANDSCHUH. In: ebda., S. 25–26.

ANON.: DAS BERCHTENLAUFEN. In: ebda., S. 24–25.

ANON.: DER DRACHENSEE. In: ebda., S. 145.

ANON.: DIE RÄUBER IN DER CHRISTNACHT. In: Bruno Mahlknecht (hg.), Südtiroler Sagen, Bozen 1981, S. 93–94.

ANON.: DIE WILDE JAGD (La caccia selvaggia). In: Brunamaria Dal Lago (hg.), Fiabe del Trentino – Alto Adige, Mailand 1989, S. 213–214. © Brunamaria Dal Lago, Bozen. Aus dem Italienischen von Tilmann Kleinau.

ANON.: DER KALK-BRENNOFEN (Il forno della calce), erzählt von Reinhold Messner. In: ebda., S. 130. © Brunamaria Dal Lago, Bozen. Aus dem Italienischen von Tilmann Kleinau.

Kapitel XI.

DINO BUZZATI (1906–1972): DIE NACHT DES 24. DEZEMBER (Racconto di Natale). In: D. Buzzati, Sessanta racconti, Mailand 1958, S. 209–213. © Arnoldo Mondadori Editore, Mailand. Deutsche Übersetzung aus: Gottfried Natalis (hg.), Alle Jahre wieder. Ein Weihnachtsbuch, Frankfurt am Main 1991, S. 88–91.

CARLO BERNARI (*1909): DIE HIRTEN (La scoperta dei pastori). In: Francesco Grisi, Il Natale, Rom 1988, S. 74–79. © Carlo Bernari. Aus dem Italienischen von Tilmann Kleinau.

GIOVANNINO GUARESCHI (1908–1968): EIN WEIHNACHTSMÄRCHEN (La favola di Natale), Anfangskapitel des gleichnamigen Buches. In: ebda., S. 218–223. © Alberto und Carlotta Guareschi, Roncole Verdi. Aus dem Italienischen von Tilmann Kleinau.

Kapitel XII.

GIOVANNI PASCOLI (1855–1912): DIE BEFANA ODER DAS DREIKÖNIGSGESCHENK (La Befana), gekürzte Version. In: G. Pascoli, La Befana – Racconto inedito ›per ragazzi e per grandi‹. A cura di Nadia Ebani, Verona 1990, S. 49–81. Mit freundlicher Genehmigung von Nadia Ebani. Aus dem Italienischen von Tilmann Kleinau.

Trotz aller Bemühungen konnten nicht alle Rechteinhaber festgestellt oder erreicht werden. Der Verlag verpflichtet sich, rechtmäßige Ansprüche jederzeit abzugelten.

Bildnachweis

Frontispiz: »Weihnachtsallegorie« aus der Zeitschrift *Il Secolo illustrato* vom 24 Dezember 1899. Wieder abgedruckt in: Francesco Grisi (hg.), Il Natale – Storia e leggende, Rom 1988, S. 283.

25 Vignette aus: Maria Cristina Citroni (hg.), Leggende e racconti popolari dell'Emilia Romagna, Rom 1983, S. 189.

49 Andrea Mantegna, *La Vergine e il Bambino,* ca. 1450.

71 Vignette aus: Grisi, Il Natale, S. 118..

81 Holzschnitt aus: ebda., S. 46.

101 Alte Mühle (Holzschnitt, 15. Jh.). Aus: Gastone Venturelli, Leggende e racconti popolari della Toscana, Rom 1983, S. 37.

106 Panettone. Vignette aus: Prime letture – Erste italienische Lesestücke, hrsg. v. Giuseppina Lorenz-Perfetti, München 1987, S. 54.

133 Holzschnitt aus: Citroni, Emilia Romagna, S. 111.

143 Römische Volksszene. Aus: Cecilia Gatto Trocchi, Leggende e racconti popolari di Roma, Rom 1982, S. 334.

173 Vignette aus: Tersilla Gatto Chanu, Leggende e racconti popolari del Piemonte, Rom 1986, S. 195.

190 »Überschwemmung im Gebirge«, aus der Zeitschrift *L'Amico dei Fanciulli,* Jg. 22, 1891, Nr. 1. Wieder abgedruckt in: Arturo Genre/ Oriana Bert, Leggende e tradizioni popolari delle valli valdesi, Turin 1977, S. 54.

203 Die Heiligen Drei Könige. Alter Stich aus: Grisi, Il Natale, S. 276.

231 Vignette aus: Guido Ferraro, Leggende e racconti popolari della Liguria, Rom 1984, S. 77.

Inhalt

I. Weihnachten auf Italienisch

II. Auf der Flucht nach Ägypten und andere Legenden

III. Gute und schlechte Zeiten

IV. Italiener an der Krippe

V. Arm und reich

VI. Torroni & Co.

VII. Die venezianische Zauberin und weitere Gespenster

VIII. Zwischen Mann und Frau

IX. Heimkehr von der Front

X. Die wilde Berchta – Südtiroler Spezialitäten

XI. Auf der Suche nach Gott und der Welt

XII. Die Befana kommt

Anhang

Klassiker der italienischen Literatur

Dante Alighieri:
Die Göttliche Komödie
Aus dem Italienischen übertragen von W. G. Hertz
Nachwort von Hans Rheinfelder und Anmerkungen von Peter Amelung
dtv 2107

La Divina Commedia – Die Göttliche Komödie
Italienisch und deutsch
Herausgegeben, übersetzt und kommentiert von Hermann Gmelin
Vollständige Ausgabe
6 Bände, 2900 Seiten
dtv/Klett-Cotta
5916

Giacomo Leopardi:
Das Gedankenbuch
Aufzeichnungen eines Skeptikers
Ausgewählt, übersetzt und mit einem Nachwort versehen von Hanno Helbling
dtv 2306

Francesco Petrarca:
Canzoniere
Zweisprachige Gesamtausgabe
Mit 5 Bildtafeln
Nach einer Interlinearübersetzung von G. Gabor.
In deutsche Verse gebracht von Ernst-Jürgen Dreyer
Mit Anmerkungen und Nachwort von Geraldine Gabor und Ernst-Jürgen Dreyer
dtv 2321

Alessandro Manzoni:
Die Verlobten
Mit 440 Illustrationen
Mit einem Essay von Umberto Eco
Übersetzt und mit einem Nachwort versehen von Ernst Wiegand-Junker
Dünndruck-Ausgabe
dtv 2142

Leonardo da Vinci:
Der Nußbaum im Campanile
Bestiarium, Fabeln, Schöne Schwänke, Prophezeiungen
Mit Zeichnungen von Leonardo da Vinci
Herausgegeben und aus dem Italienischen übersetzt von Isolde Rieger
dtv 2283

Klassische Reisebücher

Henry Fielding:
Eine Reise von dieser Welt in die nächste
Ein skurriler Roman
Auf der Grundlage der anonymen Leipziger Übersetzung von 1812 überarbeitet von Robin Cackett und Thomas Hack
dtv 2326

Théophile Gautier:
Reise in Andalusien
Mit 28 Holzstichen von Gustave Doré
Herausgegeben und übersetzt von Ulrich C.A. Krebs
dtv 2333

Johann Wolfgang Goethe:
Italienische Reise
(Hamburger Ausgabe)
Mit 40 Illustrationen nach zeitgenössischen Vorlagen
dtv 2200

George Sand:
Ein Winter auf Mallorca
Herausgegeben und übertragen von Ulrich C.A. Krebs
Mit zahlreichen Illustrationen
dtv 2157

Johann Gottfried Seume:
Spaziergang nach Syracus
Herausgegeben und mit einem Anhang versehen von Albert Meier
Originalausgabe
dtv 2149

Vom Glück des Reisens zu Lande, zu Wasser und in der Luft
Herausgegeben von Ulf Diederichs
Mit Illustrationen von Lucia Probst
Originalausgabe
dtv 11802